新时期企业
思想政治工作与文化建设探索

谭 欣◎著

辽宁人民出版社

图书在版编目（CIP）数据

新时期企业思想政治工作与文化建设探索 / 谭欣著 .
— 沈阳：辽宁人民出版社，2024.9
ISBN 978-7-205-11182-3

Ⅰ . ①新… Ⅱ . ①谭… Ⅲ . ①企业—政治工作—研究
—中国 ②企业文化—研究—中国 Ⅳ . ① D412.62
② F279.23

中国国家版本馆 CIP 数据核字（2024）第 101921 号

出版发行：辽宁人民出版社
　　　　　地址：沈阳市和平区十一纬路 25 号　邮编：110003
　　　　　电话：024-23284321（邮　购）　024-23284324（发行部）
　　　　　传真：024-23284191（发行部）　024-23284304（办公室）
　　　　　http ://www.lnpph.com.cn
印　　刷：沈阳海世达印务有限公司
幅面尺寸：170mm×240mm
印　　张：11
字　　数：165 千字
出版时间：2024 年 9 月第 1 版
印刷时间：2024 年 9 月第 1 次印刷
责任编辑：张天恒　王晓筱
装帧设计：识途文化
责任校对：吴艳杰
书　　号：ISBN 978-7-205-11182-3

定　　价：68.00 元

前　言

　　随着市场经济的深入发展和全球化背景下的文化多元交融，企业面临的内外环境更加复杂多变。在此环境下，如何调动职工的积极性、主动性和创造性，如何形成符合企业发展需要的核心价值观和文化理念，成为每一位企业管理者必须深思的问题。

　　在这个充满挑战与机遇的时代，企业作为国家经济发展的重要载体，不仅肩负着推动经济增长、创新科技、提供就业机会的职责，而且承担着塑造社会主义核心价值观、推广先进文化、构建和谐劳动关系的社会责任。本书，正是在这样一个背景下应运而生的，它旨在深入分析和探讨在现代企业管理实践中，如何有效地进行思想政治工作，以及如何构建与时俱进的企业文化，以提升企业的内在凝聚力和外在竞争力。同时，也希望为企业管理者提供一定的思路和方法，帮助他们在新时期的大潮中更好地进行思想政治工作和文化建设。

　　笔者在深入剖析当前国内外形势的基础上，充分认识到在市场经济条件下企业文化建设和思想政治工作的复杂性和长期性，试图将马克思主义的基本原理与中国特色社会主义企业文化建设相结合，探讨如何在新形势下将企业思想政治工作与文化建设紧密融合，形成具有时代特征、企业特色的管理新模式。

在内容安排上，笔者以企业思想政治工作和企业文化建设的基本理论为起点，分别对企业思想政治工作创新和健康企业文化建设展开详细的论述，提出了企业文化建设与思想政治工作融合发展的参考建议。笔者在创作过程中不仅借鉴了大量的国内外研究成果，还深入企业实地调研，访谈了众多企业家和一线职工，力求使理论分析和实践探索紧密结合，确保本书的内容贴近实际、操作性强。

写作本书是一次新的探索，由于时间紧、任务重，书中一定还存在着许多不足之处，恳请前辈、同行及广大读者斧正。

谭欣

2024年5月

目 录

第一章　绪论

第一节　思想政治工作的内涵与功能

思想政治工作是我们党从革命时期传承至今的优良传统，是我们党执政的优势之一。思想政治工作是我们党经济工作和其他一切工作的生命线，是社会主义精神文明建设的根本保证。在中国共产党的领导下，我国的经济发展呈现良好势头，作为经济指标的重要贡献者——企业，其思想政治工作是改革和管理机制构建的基础，是推动企业进步的思想武器。

一、思想政治工作的内涵

思想政治工作我们可以理解为：一个特定的阶级和团体，为了实现他们关于政治上的目标，对人们的意识进行有目的性的影响，使人的思想发生改变，并朝着所期望的方向转变，达到引导人们的社会行动朝正确方向发展的目的。

作为中国的执政党，中国共产党的思想政治工作就是把马克思主义的理论知识和共产主义最高理想作为教育理念方针，不断影响和引导中国人民，增强中国人民的自信心和斗志，发掘和发展人们的思想力、行动力和创造力，加深提高对这个世界的认识，并且对现今的工作目标和长远的理想进行广泛宣传，引导人们为之努力拼搏奋斗。因此，可以说，思想政治工作就是对人们在政治立场、观点以及行为等方面的困惑进行解答，帮助其树立正确世界观、人生观、价值观。

企业思想政治工作的基本内涵是以习近平新时代中国特色社会主义思想为指引，全面把握新时代党的建设总要求，以保证党的政治任务的完成和生产目标任务的实现为宗旨，以宣传中国特色社会主义理论体系、弘扬团队精神为内容，加强职工思想教育，引导职工树立正确的政治态度，进行精神塑造，以及不良思想倾向的排除和转化工作①。

对于一个处于新形势下的企业来说，思想政治工作要求做到：深入学习贯彻党的二十大精神，严格贯彻执行以习近平同志为核心的党中央的决策部署，在不违背企业职工主观意愿和客观工作规律的基础上，引导他们用习近平新时代中国特色社会主义思想武装头脑、指导实践、推动工作，教育职工树立正确的世界观、人生观和价值观，做爱国、敬业、诚信、友善的合格公民，不辜负党和国家的殷切希望。与此同时，还要处理好企业中人与人的关系，激发职工干事创业的积极性，推动企业生产经营等各项工作迈上新台阶，实现企业发展的经济效益和社会效益。

总之，加强和改进企业在新形势下的思想政治工作，在职工方面，必须引导广大职工胸怀中华民族伟大复兴的战略全局和世界百年未有之大变局"两个大局"，增强"四个意识"、坚定"四个自信"、做到"两个维护"，激发职工主人翁意识，激发他们对思想政治工作的热情，转变他们的工作态度，发挥干部带头作用，提升企业创造力；在企业方面，要与时俱进，兼顾企业经济利益和社会利益，为企业树立良好的形象，使企业独树一帜，在竞争中有独特的优势，实现持续、健康、快速发展。

---

① 绳海洋.企业思想政治工作的意义和思路探索[J].北京城市学院学报,2023(06):86-91.

二、思想政治工作的主要特征

准确把握思想政治工作的含义，还必须认识它的政治性、科学性、群众性、实践性等特征。

（一）政治性

思想政治工作属于上层建筑、意识形态领域的工作，是一定的阶级或政党基于本阶级或其所代表阶级的利益而进行的宣传、动员、教育等工作。因此，具有鲜明的政治性。思想政治工作的政治性，要求我们从讲政治的高度，从巩固党的执政地位、增强党的执政能力、完成党的历史使命的高度，高度重视同各种腐朽思想和错误思潮作斗争，绝不能任其自由泛滥。要用马克思主义及其中国化最新成果武装全党、教育人民，努力培养有理想、有道德、有文化、有纪律的社会主义公民，团结、动员全党全国各族人民为建成富强民主文明和谐的社会主义现代化强国而奋斗。

（二）科学性

思想政治工作的科学性，首先是指导思想的科学性。党的思想政治工作是建立在马克思主义理论基础上的，马克思主义是我们党认识世界和改造世界的科学世界观和方法论，为我们观察各种社会问题提供了科学的理论武器。其次是思想政治工作内容的科学性。思想政治工作就是以科学的理论武装人，即坚持用马克思主义及其中国化最新成果武装全党、教育人民。最后是思想政治工作方法的科学性。思想政治工作方法的科学性，体现为科学运用人的思想行为活动规律，采取灵活多样的方法进行思想政治工作。

（三）群众性

思想政治工作本质上是群众工作，我们党必须宣传群众、组织群众、动员群众为实现自己的最高理想而奋斗。人民群众既是思想政治工作的对象，又是思想政治工作的参与者。人民群众的实践为党的思想政治工作提供了丰富生动的教育资源。开展思想政治工作，要牢固树立群众观念，发动群众，用人民群众在实践中创造的新经验、新业绩，充实思想政治工作内容，拓展思想政治工作方法，丰富思想政治工作载体，吸引群众广泛参与，启发群众的思想觉悟。

（四）实践性

首先，思想政治工作产生于社会实践。思想政治工作是实践的产物，源于无产阶级革命运动的生动实践。其次，思想政治工作的开展必须依赖于实践。思想政治工作在实践中产生，又随着社会实践的发展而发展。实践是思想政治工作发展的真正动力。思想政治工作必须立足现实、面对现实，不断解决社会实践中出现的新问题。最后，思想政治工作必须接受实践的检验。实践是检验思想政治工作实效的唯一标准。任何一种思想政治工作理论正确与否、价值如何，要看它在社会实践中的效果。如果离开社会实践，思想政治工作就会变成空洞的说教。

第二节　企业文化的内涵与功能

企业文化是在一定的条件下，企业生产经营和管理活动中所创造的具有该企业特色的精神财富和物质形态，是对企业经营价值理念、制度管理理念、精神层面的客观反映，它包括企业愿景、文化观念、价值观念、企业精神、道德规范、行为准则、历史传统、企业制度、文化环境、企业产品等。其中，价值观念是企业文化的核心，它可以有效反映职工的共同愿望、理念，是指导企业前进、职工实现自我价值的"哲学"和"工具"。

一、企业文化的内涵

企业文化是企业的灵魂，是推动企业发展的不竭动力。从本质分析，企业文化可分为三个层次：第一，企业文化的性质决定其不仅是职工信奉的理念，也是企业发展和职工工作实践的理念；第二，企业文化的属性决定它是企业存在和发展的根本，是灵魂；第三，企业文化的功能和作用，既可以宣传企业的正面形象，提升企业的凝聚力，也可以解决企业发展所存在的种种弊端与难题。

企业文化是企业成员共同拥有的发展目标、价值观念、行为规范的综合，内容涵盖企业的物质、行为、制度、精神文化等。

企业物质文化是企业文化的基础，是一种以物质形态存在的文化形式，多指企业职工自我创造的产品和设备设施所构筑的文化，而企业生产和研发的产品及服务则是企业物质文化的重要组成部分；企业行为文化主要指文化的运动层面，如企业培训、人际交流、体育活动、娱乐活动、健康教育宣传等，是对企业价值观和精神面貌的具体反映，也是对职工个体思想活动影响最大的方面；制度文化是企业文化中的关键组成，是影响企业管理水平的重要因素，对职工行为具有规范和约束作用，是营造企业精神文化和职工个人精神风貌的重要工具；精神文化是企业文化的核心组成，是企业经营发展的灵魂，它受到社会文化、风气、经济形势的综合影响，具体表现为企业精神、企业管理理念、企业价值观念等[①]。

企业文化就是要展现企业所具有的某种精神，一旦这种精神在企业内被职工所认同，就能在企业发展中产生一种强大的向心力和凝聚力。此外，企业文化还要反映一个企业的个性，能够让它在众多同行企业中脱颖而出，成为某一行业的代表。这种文化的建设是企业建设中不可或缺的一部分。从内涵分析，企业文化属于经济伦理的范畴，综合历史理论研究方法，我们可以看出，企业文化不仅是一种多学科交叉运行的知识，也是推动企业长久稳定发展的重要动力。随着市场经济改革的深入发展，企业文化逐渐成为企业增强实力、提升核心竞争力的手段和策

---

①邹霞，魏少芳.浅析国有企业党建与企业文化建设融合发展[J].河北企业，2024（01）：124-126.

略，是关乎企业生存和发展的重要因素。

二、企业文化的功能

一流的企业靠文化管理，二流的企业靠制度管理，三流的企业靠人才管理。企业文化在企业发展壮大中的重要性显而易见。

从企业文化内涵的分析，我们发现，企业文化和企业发展具有共生性，二者相互促进、共同进步。企业发展为企业文化建设提供生存、发展的土壤和养分，而企业文化建设则作用于企业成员的价值观念、行为方式、行为规范、职业操守等，能够提升企业凝聚力和战斗力，促进企业的进步和发展。当一个企业的规模发展壮大之后，又会反作用于企业文化，促进企业文化建设。企业的经营在于获取利益的最大化，同时帮助职工实现自我价值。而企业文化建设具有个性特色，不同发展情况的企业，其企业文化内涵又存在差异，这与企业性质有很大的联系。不同企业的企业文化也存在共同的特征和功能，具体分析如下。

1.凝聚力

企业文化各方面的特点和内涵决定企业文化具有提高凝聚力、促进团结的作用，而凝聚力正是企业文化建设的直接目的，不断凝聚职工的创造力、形成企业发展的各方合力，企业的综合实力方能得到快速提升。在企业内部需要营造一个公平、公正、公开、健康、和谐的氛围，加强企业内部团结精神的宣传和打造，从而促使企业职工积极主动参与到工作中去，努力发挥自己的主动性、创造性，各方合力共同促进企业的发展和进步。总之，通过企业文化建设增强职工内心的归属感与认同感，将企业大家当成自己的小家来养育，职工之间通过手牵手、心连心的方式所凝结的力量是企业发展和壮大的重中之重，将保障企业在激烈的市场竞争中立于不败之地。

2.导向性

企业文化建设对企业职工价值观、工作理念和方法有强大导向作用，优秀的企业文化会潜移默化地影响职工，使职工个人价值趋向与企业价值观念趋同，给予职工共同的奋斗目标，企业全体职工为了这个目标，努力发挥个人的光和热，在全员共同努力下实现企业发展目标。与此同时，企业文化会帮助职工树立正确的人生观，进而引导职工朝着企业的前进方向进发。因此，企业文化建设至关重要，应从企业实际经营情况出发，科学制定企业的发展目标，指导企业和职工向这一合理目标前进、奋斗。

3.约束性

企业文化对职工具有约束力。从严格意义上讲，企业管理制度也是企业文化的一部分，企业领导和职工作为企业的一分子，必然受到企业管理制度的管理和约束，一切工作行为均要对企业负责。但是，这种约束力又并非简单对企业职工行为的硬性约束，而是可以通过企业文化建设来形成软性约束力，从职业道德和操守等价值观层面来规范企业职工的行为，让企业文化在企业发展过程中提供强大的精神力量。

4.鼓舞性

合理、有效、从实际出发的企业文化，可以从根本上改变企业职工的行为状态、心理状态，培养职工树立积极向上的理想、信念，而这种由内而发的理想、信念是提升企业核心竞争力的有力武器。马斯洛需求理论将人的需求，从高到低排序为自我实现、尊重、爱和归属感、安全感和生理上的需求，其中自我实现是最高层次的需求，是个人理想、抱负发挥到极致的体现，自我实现能使人感受到最大的快乐。优秀的企业文化即应该以职工个人价值的实现作为目标，一个人的个人价值得到承认，会得到极大的满足感，这种满足感又鼓舞其在工作上更加努力，以期实现更高的个人价值。因此，可以说，满足这种精神需求对激发职工积极性是至关重要的。同时，良好的企业文化可营造和谐、良好的工作氛围，当职工在轻松、愉悦的环境下工作时，能够激发职工的积极性和创造性。

综上所述，加强企业文化建设可大幅提升企业的发展动力、综合实力和核心竞争力，帮助企业在激烈的全球市场竞争中掌握主动权。在激烈的全球市场竞争中，企业应当发挥主观能动性，从思想政治工作和企业文化建设入手，凝聚企业职工的向心力，打造企业归属感，让职工心甘情愿为企业奋斗，在大家众志成城的努力下，企业的发展必然能够日新月异。

第三节　相关基础理论分析

一、企业思想政治工作的相关理论基础

（一）马克思主义经典作家的相关理论

1.关于社会存在与社会意识辩证关系的原理

社会存在与社会意识辩证关系的原理是：社会存在是第一性的，社会意识是第二性的；社会存在决定社会意识，社会意识对社会存在具有能动的反作用，并具有相对的独立性。正确的社会意识能够促进社会存在的发展，错误的社会意识对社会存在的发展具有阻碍作用。社会存在与社会意识辩证关系原理第一次真正解决了社会历史观的基本问题，是人类思想史上的伟大贡献，是社会历史观革命性变革的基础。社会存在和社会意识的辩证关系原理，为企业思想政治工作者认识职工思想发展规律和思想变化根源提供了科学的理论依据。

社会意识对社会存在具有反作用，社会意识对社会存在的作用是一把"双刃剑"，能够促进或者阻碍社会存在的发展。如果企业能很好地开展思想政治工作，妥善解决职工出现的思想问题，对企业的发展和改革都有极大的促进作用；反之，将成为企业改革和发展路上的绊脚石。社会意识积极的能动作用有利于企业文化建设，企业文化将激发企业和

职工先进、科学的价值追求，大力弘扬企业文化能够促进企业不断进步与发展。

社会存在与社会意识辩证关系原理为企业开展思想政治工作提供了科学的理论依据。因此，当前企业开展思想政治工作要充分考虑到企业职工的特点，以职工思想产生、形成的基本条件为基础，结合当前国际、国内客观环境以及企业改革形势，同时，在思想政治工作中要大力弘扬良好的企业文化，借助于企业文化建设增强思想政治工作的实效。只有这样，企业职工思想政治工作才能取得实效，才能推动企业的改革进程[①]。

2. 关于人的本质与全面发展的理论

马克思主义认为："人的本质不是单个人所固有的抽象物，在其现实性上，它是一切社会关系的总和。"也就是说，个人和社会是统一的，人的本质不是单个人一生下来就具有的，而是在一定的社会关系和历史条件下形成的。由此可见，人的本质是以现实的社会关系为起点的，通过思想政治工作的引导和协调作用，使人的本质适应社会生产方式变革的要求。同时，人的价值也是在社会关系中体现出来的。马克思、恩格斯在《德意志意识形态》中开始正式提出并系统地阐述了"个人全面发展"的学说。"个人全面发展"的含义是指每一个人的智力、体力在社会生产过程中尽可能多方面地、充分地、自由地、和谐地发展，最根本的是个人劳动能力的全面发展，使人们都成为"各方面都有能力的人，即能通晓整个生产系统的人"。"人不仅是自然界长期发展的产物，同时也是社会劳动的产物。一个人的发展取决于和他直接或者间接进行交往的其他一切人的发展……单个人的历史绝不能脱离他人，这种发展正是取决于个人之间的联系。人的全面发展也正表现为人的社会关系的丰富和发展。"

---

①赵洁. 企业思想政治工作与文化建设融合探析[J]. 山东国资,2023(11):104-105.

人的本质与全面发展的理论，为企业职工思想政治工作的开展开拓了更广阔的视野。企业职工不是单一的个人，他们处于企业这个特定的社会集体所构成的复杂社会关系中，每个人的发展也是在这些社会关系中开展和进行的，每个人的价值作用也是在一定社会关系中体现出来的。因此，企业职工思想政治工作也必须放在这些社会关系中，才能关注到企业职工的发展，体现出职工思想认识的变化[①]。

总之，为了能够保证企业的又好又快发展，要尽可能实现每一位职工的全面发展，让他们争取做到对每一项工程环节都了然于胸，不仅能干好自己岗位的工作，还能够了解其他岗位的工作，成功发挥个人的聪明才智。可见，人的本质与全面发展的理论为企业思想政治工作者正确认识职工思想形成和发展规律，培养全面发展的新型职工提供了理论依据。

（二）当代中国思想政治工作的相关理论

1.《关于正确处理人民内部矛盾的问题》

1957年，毛泽东在最高国务会议第十一次扩大会议上发表的《关于正确处理人民内部矛盾的问题》的讲话，创造性地提出了关于正确处理人民内部矛盾的科学理论，为我国社会主义事业的发展奠定了理论基础，是对马克思主义理论的科学社会主义理论的重要丰富和发展。

人民内部矛盾是根本利益一致的、非对抗性的矛盾，解决矛盾的方法除了国家颁布的法律法规、行政命令以及企业制定的规章制度等带强制性规定外，更多要采用经济、民主、综合的办法来解决。一般来说，企业的组织规模较大，职工人数较多，不同管理者之间、管理者与下属之间、同级职工之间难免出现一些矛盾、摩擦。新形势下，企业为了紧随时代发展的步伐，加紧改革，也会导致企业内部职工矛盾呈现一系列的新特点。其中，利益矛盾占据主导地位，矛盾成因复杂且相互交织，

---

①徐望怀.如何加强国企思想政治工作中企业文化的融入[J].中外企业文化,2023（09）:124-126.

矛盾的内容和性质也发生变化，但仍然属于企业职工的内部矛盾，不可将其扩大化。企业想要正确处理这些矛盾，就必须努力提高思想政治工作者的综合素质和灵活应变能力，合理地协调好各种利益关系，尊重和保障各方的合法权益，引导企业职工认识到施工企业的健康发展是全体职工的根本利益所在，而企业职工利益的实现则是企业健康发展的根本保证，解决好职工的实际问题、维护好职工的合法权益，实际上也就是在维护企业的根本利益。笔者建议，可以采用说服教育的方式，提高职工的思想政治觉悟和大局观念；畅通职工意见表达渠道，为职工搭建多种形式的沟通平台；思想政治工作者及企业领导在处理内部矛盾时要是非分明、依法依规办事。

2.社会主义核心价值体系

2006年10月，党的十六届六中全会通过的《中共中央关于构建社会主义和谐社会若干重大问题的决定》，第一次明确提出"建设社会主义核心价值体系"这个重大命题和战略任务。2007年，党的十七大首次将"建设社会主义核心价值体系"纳入报告中。2011年，党的十七届六中全会提出，社会主义核心价值体系是兴国之魂，是社会主义先进文化的精髓，决定着中国特色社会主义发展方向。2011年，中共中央办公厅、国务院办公厅转发《中央宣传部、国务院国资委关于加强和改进新形势下国有及国有控股企业思想政治工作的意见》指出，推进社会主义核心价值体系的学习教育，坚定干部职工对中国特色社会主义的信念，要把社会主义核心价值体系贯穿于企业思想政治工作各个方面。2012年，党的十八大提出"倡导富强、民主、文明、和谐，倡导自由、平等、公正、法治，倡导爱国、敬业、诚信、友善，积极培育和践行社会主义核心价值观"。2017年，党的十九大提出，要坚持社会主义核心价值体系，坚持马克思主义，牢固树立共产主义远大理想和中国特色社会主义共同理想，培育和践行社会主义核心价值观，不断增强意识形态领域主导权和话语权，推动中华优秀传统文化创造性转化、创新性发展，继承革命文化，发展社会主义先进文化，不忘本来、吸收外来、面向未来，更好构筑中国精神、中国价值、中国力量，为人民提供精神指引。2023年，习近平总书记在党的二十大报告中指出："社会主义核心价值观是凝聚人心、汇聚民力的强大力量。"这一重要论断，深刻阐明了社会主义核心价值观的重要地位和重大意义，为我们广泛践行社会主义核心价值观，不断夯实全民族全社会休戚与共、团结奋进的思想道德基础指明了方向。培育和弘扬核心价值观，有效整合社会意识，是社会系统得以正常运转、社会秩序得以有效维护的重要途径，也是企业重要的使命和职责。一方面，在企业改革的推动下，职工面临着激烈的竞争、不断波动的收入；另一方面，当前互联网的广泛应用，各种信息泛滥，拜金主义、享乐主义等错误思想滋生，深刻地影响着企业职工的思维方式、思想观念的变化，这些都对思想政治工作的开展增加了难度，提出了新的要求。因此，以社会主义核心价值观理论为支撑，开展职工思想政治工作尤为重要。引导职工正确处理个人、集体以及国家之间的利益关系，教育广大职工工作中爱岗敬业，生活中诚实守信，树立社会主义荣辱观等。企业职工思想政治工作坚持以社会主义核心价值体系理论为基础，是树立企业良好形象，实现企业内部和谐、稳定、团结的基本途径。

二、企业文化建设的相关理论基础

（一）"学习型组织"理论

企业文化作为企业管理的一种手段和方式，与管理理论存在必然的联系。这当中，企业文化与现代管理学中的"学习型组织"理论最为相关。美国学者彼得·圣吉在《第五项修炼》一书中提出学习型组织概念，其含义为"组织面临变化剧烈的外在环境，应力求精简、扁平化、终生学习、不断自我组织再造，以维持竞争力"。

学习型组织的特征：有一个人人赞同的共同构想；在解决问题和工作过程中，抛弃旧的思维方式和常规程序；作为相互关系系统的一部分，成员对所有的组织过程、活动、功能和环境的相互作用进行思考；人们之间坦诚地相互沟通；个人利益和部门利益要服从于实现组织的共同理想。

（二）"人性假设"理论

目前，企业文化受到世人的推崇，尤其是在企业界更是备受关注。究其原因，这与企业文化涵盖的人性化管理存在着一定程度的联系。因此，从某种程度上来说，对人性的了解和人性假设理论分析是实施企业文化的战略基础。

美国著名管理心理学家雪恩于1965年在《组织心理学》一书中，提出了四种人性假设理论。

1. "经济人"假设

"经济人"假设又称"实利人"或"唯利人"假设。这种理论产生于早期科学管理时期，其理论来源是西方享受主义哲学和英国经济学家亚当·斯密关于劳动交换的经济理论，即认为人性是懒惰的，干工作都只是为了获取经济报酬，满足自己的私利。因此，管理上主张用金钱等经济因素去刺激人们的积极性，用强制性的严厉惩罚去处理消极怠工者，即把奖惩建立在"胡萝卜加大棒"政策的基础上。

最早提出"经济人"概念的是美国心理学家麦格雷戈，他于1960年在其著作《企业的人性问题》中，将以"经济人"人性假设为指导依据的管理理论概括为"X理论"，并认为它是一种错误理论。美国古典管理学家弗雷德里克·泰勒则是以理论为指导的管理典型代表，以严格控制和严密监督为根本特征，只考虑如何提高生产效率，毫不关心工人的心理需要和思想感情。

2. "社会人"假设

这种理论源于"霍桑实验"及其人际关系学说，"社会人"的概念也是由该实验的主持者、美国行为学家梅约提出的。这种假设认为，人是社会人，人们的社会性需要是最重要的，人际关系、职工的士气、群体心理等对积极性有重要影响。因此，在管理上要实行"参与管理"，重视满足职工的社会性需要，关心职工，协调好人际关系，实行集体奖励制度等。

3."自动人"假设

即"自我实现人"假设，这一概念是最早由美国人本主义心理学家马斯洛提出。尔后，麦格雷戈提出了以"自动人"假设为理论基础的管理理论，他明确否定"X理论"，而肯定"Y理论"。

"自动人"假设认为，人是自主的、勤奋的，自我实现的需要是人的最高层次的需要，只要能满足这一需要，个体积极性就会充分调动起来。所谓自我实现，是指人的潜能得到充分发挥，只有人的潜能得以表现和发展，人才会得到最大的满足。因此，管理上应创设良好的环境与工作条件，以促进职工的自我实现，即潜能的发挥，强调通过工作本身的因素，即运用内在激励因素调动职工的积极性。

4."复杂人"假设

这种理论产生于20世纪六七十年代。其代表人物有雪恩、摩尔斯和洛斯奇等。该理论认为，无论是"经济人""社会人"还是"自动人"假设，虽然各有其合理性的一面，但并不适合于一切人。因为，一个现实的人，其心理与行为是很复杂的，人是有个体差异的。人不但有各种不同的需要和潜能，而且就个人而言，其需要与潜能，也随年龄的增长、知识能力的提高、角色与人际关系的变化而发生改变。于是，不能把人视为某种单纯的人，实际上人的存在是一种具体的"复杂人"。依据这一理论，便形成了管理上的"超Y理论"，即权变理论。权变理论认为，不存在一种一成不变、普遍适用的管理模式，应该依据组织的现实情况，采取相应的管理措施。

5."知识人"假设

随着社会、经济的发展以及知识的变革，催生了以知识创新为特点的"知识人"假设，其理论要点如下：其一，人既是认知活动的主体，也是功利活动的主体。在知识经济中，认知活动所获得的知识直接成为功利活动的资本，因而，先行知识的获取以及在此基础上的知识创造将成为人的首选需要。其二，人是带着各类先行知识进行组织活动的，这些先行知识具有明显的个体差异性。其三，彼此差异的先行知识既制约着人的目的设置和手段选择，更制约着人的知识创新能力。

"知识人"假设的提出，将我们提高管理绩效的可能途径转向以激发人的知识创造为核心，这既是适应经济和社会发展的需要，同时也是社会生产日益知识化所带来的必然要求。以此角度设计具体的激励措施，通过激活职工的创造热情和创造能力，将会从根本上引导管理绩效的提高。

总之，必须全面、系统地理解和把握人性，既重视个人心理动机对于工作热情和工作积极性的重要影响，又能适时地提供恰当信息以满足工作能动性和主动性的发挥，同时更要投资人力资本，提升职工的知识创造能力，从而激活其创造性。这些都与企业文化里倡导的人文精神不谋而合，只有从"动机人""决策人"和"知识人"三者结合的角度，将工作积极性、能动性和创造性紧密结合起来，才能最大限度地提高管理效能。

（三）企业组织行为学理论

企业组织行为学理论为实施企业文化战略提供了理论参考。建设企业文化就是为了更好地经营管理企业，而企业组织行为学理论对企业行为的阐述，无疑为企业文化建设提供了宝贵的理论依据。

企业组织行为学是研究组织中人的心理和行为表现及其客观规律，提高管理人员预测、引导和控制人的行为的能力，以实现组织既定目标的科学。组织行为学的观点是亚当·斯密在《国富论》中首次提出的，他提出组织和社会都将从劳动分工中获得经济优势。随后，泰勒的科学管理理论、法约尔的行政管理理论、韦伯的行政组织结构理论等都对此进行了补充。

企业组织行为学是一门多学科、多层次相交叉的边缘性学科，又是具有两重性和应用性的学科。

首先，边缘性表现为多学科、多层次相交叉性。

其次，两重性表现为组织行为学既具有自然属性，又具有社会属性。

最后，应用性表现为组织行为学研究的直接目的在于联系组织管理者工作实际，提高其工作能力，提高组织的工作绩效。它采用系统分析的方法，综合运用心理学、社会学、人类学、生理学、生物学、经济学和政治学等知识，研究一定组织中人的心理和行为的规律性，主要是分析、说明、指导组织活动中的个体、群体以及组织行为，从而达到调动组织个体的工作积极性、改善组织结构、提高组织绩效、建立健康和谐文明的组织关系等目的。

企业建立的目的是生存、发展、盈利，为了实现这个目的，企业应该积极协调内部个别因素，充分调动其积极性，协调发展，同时，企业也应该积极适应外部因素的变化，为企业的发展创造一个良好的外部环境。企业管理，从某种角度，我们可以通俗地理解为，对企业的组织行为进行协调，以发挥最大的经济效益和社会效益，最终完成组织目标，而这个过程需要重视对企业资源的合理安排和有效利用。组织行为学理论包含了丰富的研究个体过程和行为的理论，这些使得企业管理有了系统完善的理论指导。

第四节 思想政治工作与文化建设公共关系分析

笔者认为，企业思想政治工作和文化建设二者之间的关系是共生的，本节通过对二者之间的共生关系进行分析，试图论证二者之间的共生关系，并从理论上对企业思想政治工作和文化建设的基本原理作出总结归纳。

一、共生理论

在企业这个共生体中，共生关系指的是企业思想政治工作和企业文化建设之间形成的紧密互利关系。

企业思想政治工作旨在促进企业提升经济效益和社会效益，在推动企业现代化进程中发挥着不可替代的作用。而企业文化作为近年来兴起的管理科学，在密切联系和团结职工方面具有很强的实践价值。通过了解企业的日常工作，我们会发现，许多企业都会制定相应的制度体系，用来规范职工的行为。可以说，制度就是规则对行为的约束，通过观察制度所对应的行为，我们可以借此充分了解制度的特征。当我们在探究思想政治工作与文化建设之间关系的时候，可以沿用这种方法，采用制度—行为分析框架，首先找出制度的行为集，然后借助行为集分析替代制度，最终以行为集兼容性判定两个制度之间的共生关系[①]。

表1-1 企业思想政治工作与文化建设行为集的兼容性

企业思想政治工作行为集	关系	企业文化建设行为集
学习社会主义核心价值体系,培育社会主义核心价值观	等于	培育企业核心价值观和企业精神
加强企业文化建设	反作用	提炼企业经营管理理念
强化形势与政策教育	作用	依法经营、规避风险
注重人文关怀与心理疏导	属于	加强思想道德建设
维护职工的合法权益	反作用	加强设施建设,美化工作生活环境
加强组织领导和工作协调	等于	构建协调有力的领导体制和运行机制

二、共生界面分析

共生界面生成是共生关系形成的必要条件和关键特征，因此，共生界面分析是解析共生关系的重要工具。按照定义来说，共生界面指的是共生元素之间的接触媒介和资源交换渠道。因此，判定共生系统中的一个要素是否为共生界面的方法可以分为两步：第一步是两个共生制度单

---

①韩洋.思想政治工作与企业文化建设的共生关系[J].现代企业文化,2022(36)：4-6.

元具有共同要素，也就是说具有双重职能；第二步是两个共生单元之间要有资源的交换或资源的共享。

（一）党组织

作为整个企业运行中枢系统的企业党组织，在企业思想政治工作与企业文化建设中起着总揽全局、协调各方的作用。企业党组织站在全局的高度，按照企业生产经营活动的具体需要，科学配置资源，形成了运行良好的思想政治工作与企业文化建设领导机制。同时，企业党组织对企业思想政治工作与企业文化建设进行了深入完善的思考，并制定出科学合理的规划，实现了引导二者协调快速发展的目标。

进入21世纪以来，我国企业党组织与董事会及经理层开展了"双向进入、交叉任职"等方式，保持"一岗双责"和专兼结合的特点，从而打造企业的独特优势，提升企业的核心竞争力，为企业的科学发展提供保证。

（二）行政组织

如果把企业比喻成人的身体，企业党组织是保证企业顺利运行的中枢大脑，各级行政组织就是连接身体各个部分的神经系统。在我国企业中，一般设有专门的机构和部门从事思想政治工作和企业文化建设，例如政治工作部、党委工作部、党委宣传部、企业文化部等。随着现代企业制度的不断完善，企业的行政部门日趋集成化。在很多大型企业中，我们已经看不到政治工作部的身影，取而代之的是党群工作部，承担着企业的思想政治工作，有的甚至兼管着企业文化建设工作。在这些行政组织中，很多工作内容有交叉部分，也有很多组织是同一套人马在具体开展工作。可以说，这些行政组织和工作人员是企业思想政治工作和企业文化建设的具体承担者，为推动二者的和谐共生起着十分重要的作用。

（三）群团组织

在企业思想政治工作与企业文化建设中，企业工会、团委等群团组织是重要的载体。我企业中的工会、团委和女职工委员会等组织具有悠久的历史，丰富的活动经验。作为联系党和职工之间的桥梁与纽带，群团组织在履行维护职工合法权益、开展民主管理、民主监督中发挥着重要作用[①]。同时，工会、团委还通过组织各种类型的集体学习活动、培训活动和职工竞赛活动，调动职工的积极性，培养职工的主人翁意识。在这个过程中，思想政治工作和企业文化的传播也在悄然进行，让企业的核心价值理念深入人心。

三、共生模型分析结论

笔者在共生理论的基础上，基于事实，运用归纳与演绎相结合的方法，建立企业思想政治工作与企业文化建设的共生模型，并用模型分析二者之间的关系。通过共生模型的构建及分析，我们发现企业思想政治工作与企业文化之间满足行为集兼容原理，且二者之间有共生界面生成，因此，本书得出企业思想政治工作和企业文化建设存在共生关系的结论。

第一，在企业这个共生体中，共生元素就是企业思想政治工作和企业文化建设本身。由上述可知，企业思想政治工作行为集和企业文化建设行为集具有等价、归属和引致的关系，它们都集中关注企业核心价值观、经营理念、形势与政策教育、人文关怀以及职工合法权益的维护，并且通过加强组织领导和沟通协调，构建协调有力的领导体制和运行机制。

第二，共生界面是二者在一定时间内相互接触的媒介，它们通过党组织、行政组织和群团组织进行资源交换，形成了党委统一领导、党政共同负责、党政工团齐抓共管，以党员干部为骨干，以行政干部为主

---

①黎德芳,刘涛. 证券经营机构加强思想政治工作的调查研究[J]. 创新世界周刊,
2023(11):89-95.

体，以党员、团员、积极分子为基础，以群团组织为纽带，以党的各级组织为保证的一个全方位、多层次，干群结合、专兼结合，职工群众广泛参与的共生界面。

从整体角度来讲，在一定的时间和空间内，共生元素和共生界面组成一个有机整体，具有物质交换、能量流动、信息传导、价值传递和自我调节走向均衡的功能，这就形成了一个共生系统。

第二章　企业思想政治工作的基本概述

第一节　企业思想政治工作的主要特征

一、企业思想政治工作具有丰富的内涵

企业思想政治工作，通常是指企业围绕党和国家的工作大局，对广大干部职工进行马克思列宁主义、毛泽东思想和中国特色社会主义理论教育，引导广大职工理解和把握国家的方针政策，使广大职工树立正确的世界观、人生观、价值观，解决思想问题，以积极的姿态投入工作和生活，促进企业全面发展的一种政治动员、理论宣传、思想教育等工作。企业思想政治教育对企业文化建设起着导向作用。

企业思想政治工作作为基层思想政治工作，它肩负着把党的路线、方针、政策贯彻落实到企业，把党和政府的关怀送到职工中去的重要任务。企业思想政治工作是搞好企业治理的有机组成部分，为企业生产经营活动提供精神动力和思想保证。企业思想政治工作具有丰富的内涵。

（一）企业思想政治工作是党的思想政治工作的重要组成部分

企业思想政治工作必须高举中国特色社会主义伟大旗帜，以马克思

列宁主义、毛泽东思想、邓小平理论、"三个代表"重要思想、科学发展观、习近平新时代中国特色社会主义思想为指导，紧紧围绕党和国家工作大局，紧紧围绕建设社会主义核心价值体系，紧密结合企业生产经营、改革发展中心任务，坚持解放思想、实事求是、与时俱进、开拓创新，坚持党的全心全意依靠工人阶级根本方针，坚持以人为本、尊重人理解人关心人，坚持把解决思想问题与解决实际问题结合起来，贴近实际、贴近生活、贴近群众，创新内容形式、创新方法手段、创新体制机制，努力提高企业思想政治工作科学化水平，培养和造就有理想、有道德、有文化、有纪律的社会主义劳动者，为推动企业科学发展、促进社会和谐稳定作出新贡献。

（二）企业思想政治工作的对象是企业的广大干部职工

企业思想政治工作就是用马克思主义及其中国化时代化的理论成果武装企业广大干部职工，发挥其积极性和创造性，投身到企业的发展和国家的建设中来。当前，企业所处的社会环境、经营环境发生很大变化，公司制股份制改革和用工制度改革日益深化，农民工、劳务派遣人员等职工群体大量涌现，职工队伍结构呈现出新变化新特点，职工思想观念多元多样多变趋势明显。与新形势新任务的要求相比，企业思想政治工作还存在着许多薄弱环节，如工作覆盖不到位、工作体制机制不顺、工作方式方法简单、阵地设施建设不足、经费保障不力、队伍素质有待提高等，特别是一些地方和企业不同程度地存在忽视、削弱思想政治工作的现象。因此，迫切要求各级党委、政府和企业党组织从维护改革发展稳定大局的高度，充分认识加强和改进新形势下企业思想政治工作的必要性和紧迫性，进一步增强做好企业思想政治工作的责任感和使命感。

（三）企业思想政治工作是现代企业管理的有机组成部分

企业思想政治工作既是构建和谐社会的政治手段，又是以人为本的管理手段。随着我企业的改革发展不断向纵深推进，一些先进的企业管理理念、管理方法，如企业文化管理、学习型组织、标准化管理等，正逐渐融入现代企业管理之中，并发挥着积极的促进作用。思想政治工作要与时俱进，适应企业发展的新要求，在现代企业管理中找到自己的位置，担负起新时期的政治使命和历史重任。新时期的思想政治工作必须借鉴和吸收现代的管理思想和信息技术，努力实现思想政治工作的现代化。

二、企业思想政治工作的主要特征

随着改革开放和社会主义现代化建设的不断深化，广大职工的行为规范、精神状态、思想观念、生活方式发生了一系列深刻变化。因此，企业思想政治工作出现了一系列新的特点，这些特点给企业思想政治工作带来了新课题，对企业思想政治工作提出了更高要求。准确把握企业思想政治工作的含义，还必须认识以下具体特征。

（一）鲜明的政治导向性

企业思想政治工作是社会主义企业的一个政治优势，对企业两个文明建设发挥着重要作用，因此具有鲜明的政治性。企业思想政治工作的政治性，要求我们从讲政治的高度，用马克思主义及其中国化时代化最新理论成果武装、培养和教育干部职工，为企业思想政治工作导航，来总揽企业思想政治工作全局，指导企业思想政治工作的一切实践。努力培养有理想、有道德、有文化、有纪律的社会主义企业职工，造就一批按照市场经济要求，符合产权清晰、权责明确、政企分开、管理科学的原则建立起来的现代企业制度下的新型职工队伍。

（二）工作环境的开放性

随着我国对外开放深度和广度的不断拓展，我国经济同世界经济的联系日益紧密，内外影响不断加深，经济利益相互交织，已初步形成内外联动、互利共赢的开放型经济体系。在经济全球化条件下，我国企业在研发、生产、销售、管理和融资等方面越来越具有国际化特征。经济融合的背后是文化的融合。企业之间的竞争，越来越表现为文化的竞争，由此导致思想政治工作面临许多课题，如在经济成分和经济利益、社会生活方式和社会组织形式、就业途径和就业方式多样化的环境中，如何稳定职工队伍？在经济全球化的环境中，对外来文化如何引导干部职工取其精华、去其糟粕？等等。面对经济全球化带来的企业跨文化管理的新课题，思想政治工作必须深化对企业精神文明建设的认识，熔铸多样文化、合作文化和共享文化，开阔企业发展视野，突破企业发展瓶颈，在开放的工作环境下运用现代化的手段和工具来开展思想政治工作，增强时效性，掌握主动权。

当前互联网在我国已进入快速发展阶段，网络的社会应用范围不断拓宽，传播方式呈裂变式发展。作为一种全新的社会生活方式，互联网以其显著的开放性、平等性、匿名性和交互性，带来了人们交往方式、知识获取方式和文化娱乐方式的重大变化。信息网络化使职工思想行为差异性、隐蔽性和自主性明显增强，从时效性、针对性和创新性等各个方面对企业思想政治工作提出了严峻挑战。同时，互联网具有传输快捷便利、形象生动活泼、传播面广、渗透性强的特点和优势，也为思想政治工作和企业文化建设提供了全新的载体和传播手段，使网络成为开展思想政治工作的重要渠道和平台。

（三）以思想政治教育培育中国特色企业文化

建设有中国特色的企业文化，需要继承民族文化的优秀遗产，从中吸收宝贵的营养。传统文化的批判继承、推陈出新，既要采取科学的态度，也要以思想政治工作为保证。企业文化的培育过程，不是简单的文化意识转化行为的过程，而是行为主题思想碰撞、观念调整的过程，这要靠思想政治工作的积极引导和有效促进。培育社会主义企业精神、企业道德、企业价值观念，就要克服个人利己主义、拜金主义等腐败观念，帮助职工正确认识国家、集体和个人三者之间的利益关系，这都离不开有效的思想政治工作。

第二节 企业思想政治工作的任务和内容

一、企业思想政治工作的任务

企业的核心任务是创造经济效益，创造经济效益的高低关键在人，而思想政治工作主要解决人的问题，它不仅涉及员工的思想觉悟和价值观教育，还直接关系到企业的文化建设、团队凝聚力和整体发展。因此，企业思想政治工作是搞好企业的重要保证。

（一）提高员工思想觉悟

企业思想政治工作的首要任务是提高员工的思想觉悟。这包括帮助员工树立正确的世界观、人生观和价值观。通过开展各种形式的思想政治教育活动，如专题讲座、学习讨论会、读书活动等，企业可以引导员工了解和认同党的基本理论和路线方针政策，树立起与社会主义核心价值观相一致的思想观念。

思想觉悟的提高有助于增强员工的政治敏感性和辨别力，使他们能够在复杂多变的社会环境中明辨是非，坚定理想信念。同时，高思想觉悟的员工更能自觉地遵守企业的各项规章制度，积极投身于企业的各项工作中。

（二）增强企业凝聚力

企业的凝聚力是企业发展的重要支撑。通过思想政治教育，企业可以增强员工对企业文化和企业目标的认同感，提升团队的凝聚力和向心力。具体来说，可以通过以下几方面来实现：第一，加强企业文化建设。企业文化是企业的灵魂，是凝聚员工力量的重要纽带。通过宣传企业的核心价值观、发展愿景和经营理念，增强员工对企业的归属感和认同感。第二，组织团队建设活动。如集体培训、团队拓展、文体活动等，增强员工之间的沟通与合作，培养团队精神。第三，建立良好的沟通机制。畅通员工与管理层之间的沟通渠道，及时了解员工的思想动态和诉求，增进相互理解和信任。

（三）激发工作积极性

思想政治工作的另一个重要任务是激发员工的工作积极性。通过思想政治工作的引导，可以使员工认识到自身工作的意义和价值，从而激发他们的工作热情和创新精神。

首先，树立良好的工作榜样。通过表彰先进个人和团队，树立榜样的力量，引导员工向榜样学习，激发他们的进取心。其次，建立公平的激励机制。通过科学合理的绩效考核和奖励制度，激励员工努力工作，发挥最大的潜力。最后，提供职业发展机会。通过培训和职业规划，使员工看到个人发展的前景，增强工作的动力和热情。

（四）稳定企业内部环境

稳定的内部环境是企业健康发展的基础。思想政治工作需要及时了解和疏导员工的思想动态，化解矛盾，消除不稳定因素，维护企业内部的和谐稳定。

首先，定期开展思想调研。通过问卷调查、座谈会等形式，了解员工的思想状况和意见建议，及时发现和解决问题。其次，建立心理疏导机制。设置心理咨询室，配备专业心理咨询师，帮助员工解决心理问题，缓解压力。最后，处理好劳资关系。积极回应员工的合理诉求，改进工作环境和条件，确保员工的合法权益，避免劳资纠纷。

（五）培养高素质人才

人才是企业发展的根本。通过思想政治教育，培养有理想、有道德、有文化、有纪律的高素质人才，为企业的可持续发展提供人力资源保障。

首先，加强职业道德教育。通过案例分析、职业道德培训等形式，增强员工的职业道德意识和责任感。其次，注重素质提升。结合企业实际，开展多种形式的培训，提高员工的综合素质和专业能力。最后，鼓励员工自我提升。支持员工参加各类继续教育和职业资格认证，提升自身的竞争力。

（六）推进企业文化建设

企业文化建设是思想政治工作的重要内容之一。企业文化不仅是企业的精神动力，也是企业发展的重要支柱。通过推进企业文化建设，可以形成积极向上的企业氛围，增强企业的核心竞争力。

首先，明确企业文化理念。根据企业的发展战略和目标，明确企业的核心价值观、经营理念和发展愿景，使员工在思想上形成共识。其次，丰富企业文化载体。通过企业内刊、宣传栏、网站等多种载体，宣传企业文化理念，增强员工的文化认同感。最后，开展文化活动。组织形式多样的文化活动，如文艺演出、体育比赛、公益活动等，丰富员工的文化生活，增强企业的文化氛围。

（七）促进企业社会责任落实

企业不仅是经济组织，还承担着重要的社会责任。思想政治工作要引导企业员工增强社会责任意识，积极参与社会公益活动，树立企业良好的社会形象。

首先，宣传社会责任理念。通过培训和宣传，使员工认识到企业社会责任的重要性，增强社会责任感。其次，组织公益活动。积极组织员工参与各类社会公益活动，如捐资助学、扶贫济困、环保行动等，履行企业的社会责任。最后，树立企业良好形象。通过思想政治工作的引导，树立企业良好的社会形象，增强企业的社会影响力和美誉度。

（八）支持企业战略目标

思想政治工作要与企业的发展战略紧密结合，确保思想政治工作为企业发展服务，助力企业实现战略目标。

首先，服务企业发展战略。根据企业的发展战略，制定相应的思想政治工作计划，确保思想政治工作与企业战略目标一致。其次，解决战略实施中的问题。在企业战略实施过程中，及时发现和解决员工思想上的问题，确保战略顺利实施。最后，推动企业改革创新。通过思想政治工作的引导，增强员工的创新意识和改革精神，推动企业不断改革创新，实现持续发展。

企业思想政治工作是一个系统工程，它贯穿于企业管理的各个方面，对企业的发展具有重要的推动作用。通过提高员工的思想觉悟、增强企业凝聚力、激发工作积极性、稳定企业内部环境、培养高素质人才、推进企业文化建设、促进企业社会责任落实以及支持企业战略目标，企业思想政治工作可以为企业的发展提供强大的思想保证和精神动力。只有不断加强和改进思想政治工作，企业才能在激烈的市场竞争中立于不败之地，实现持续健康发展。

二、企业思想政治工作的内容

（一）加强科学理论教育

思想政治工作的根本任务，是培育一支有理想、有道德、有文化、有纪律的职工队伍。虽然在不同时期、不同阶段，思想政治工作的内容都要有所侧重，但在任何时期都不要放弃或轻视科学理论教育。坚持中国特色社会主义理论体系，这是推动企业思想政治教育工作的根本。中国特色社会主义理论体系是马克思列宁主义、毛泽东思想同中国社会主义建设实际相结合的最新成果，是指导全党全国人民的行动指南，是中国共产党最可贵的政治和精神财富，是全国各族人民团结奋斗的共同思想基础，也是社会主义现代化建设新形势下企业思想政治工作的指导思想。在建立和完善社会主义市场经济体制过程中，企业职工的思想观念、价值取向和行为方式在不断地发生变化，各种新情况、新问题会随时出现。因此，迫切需要我们通过企业思想政治工作化解矛盾、理顺情绪、凝聚人心、解决问题。而在思想政治教育工作中最根本的就是把握思想政治教育工作的方向，坚持以科学理论武装职工群众的头脑，充分发挥理论在思想政治工作中的基础作用；坚持把学习邓小平理论、"三个代表"重要思想、科学发展观、习近平新时代中国特色社会主义思想与学习现代科技知识结合起来，不断提高理论武装工作的水平。因此，只有坚持邓小平理论、"三个代表"重要思想、科学发展观和习近平新时代中国特色社会主义思想等重大战略思想，才能为解决工作学习和生活中遇到的各种问题提供精神动力和道德源泉。

（二）进行爱国主义、集体主义和社会主义教育

在建设社会主义和谐社会和和谐企业的过程中，爱国主义、集体主义、社会主义教育是企业思想政治工作的基本内容。因为只有具有一颗爱国的心，才能以饱满的精神和昂扬的斗志投入社会主义和谐社会的建设中去。社会主义和谐社会建设是我国迈向富强、民主、文明的现代化国家的必由之路。就建设和谐社会和和谐企业而言，需要全体干部职工发扬爱国主义精神和集体主义精神，热爱国家，热爱集体，以企业为家，乐于奉献，把个人的发展与前途同企业的兴衰成败联系在一起[①]。

（三）民主与法制教育

民主、法治是社会主义和谐社会的第一基本内涵要求。构建社会主义和谐社会的过程，必然是社会主义民主不断发展、社会主义法治不断健全的过程。发展社会主义民主，保证人民依法行使民主权利，是构建社会主义和谐社会的重要保证。发展社会主义法治，深入贯彻依法治国基本方略，是实现和保障社会和谐的重要保证。

在和谐企业建设过程中，积极开展民主与法制教育也应是思想政治工作的内容之一。企业内部民主教育的实施，有利于企业上下沟通的实现与和谐氛围的形成，有利于调动干部、职工的积极主动性，同时也可以使广大干部职工团结在企业党组织的周围，形成企业发展的核心凝聚力。而法制教育的广泛开展则能保障企业内部政令通畅，生产经营工作秩序井然，同时也能使广大职工依法保障自身合法权益。

---

①冯春香.构建和谐企业必须加强和改进思想政治工作[J].现代企业,2023(10):133-134.

（四）诚信教育

诚信就是诚实守信。诚信不仅是中国传统道德的重要规范，也是当代中国道德建设的基础性内容，是社会生活的基本道德准则。社会是人的社会，而社会的正常运转是建立在一系列规则和秩序基础上的。没有秩序，社会将出现混乱。诚信是维护社会良好秩序的一条重要法则。如果缺乏诚信，人与人的交往将变得不可捉摸，人们将生活在一种充满怀疑、恐怖和互不信任的氛围中。诚信也是建立社会主义和谐社会的道德基石。和谐是建立在一定秩序和规则基础上的协调共生，如果人与人之间缺乏最起码的信任，协调共生那是一句空话。在企业里，干部与职工之间、职工与职工之间、职工与企业之间都要讲诚信。企业讲诚信，企业对于职工来说才有安全感、归属感；干部讲诚信，全企业上下才能令行禁止；职工之间讲诚信，大家才能在工作中紧密合作、携手共进。在一定程度上，企业内部的诚信是形成企业凝聚力和竞争力的重要环节。思想政治工作必须经常性地开展诚信教育，使诚实、守信在企业蔚然成风。

第三节　企业思想政治工作的方针与原则

企业思想政治工作，是指企业管理人员，针对职工在思想上的各种矛盾、疑惑，通过宣传科学、正确的道理，解决职工的思想问题，帮助职工树立正确的世界观、人生观、价值观，使职工以积极的姿态投入工作和生活，促进企业全面发展的一种教育疏导工作。企业思想政治工作是搞好企业治理的有机组成部分，为企业生产经营活动提供精神动力和思想保证。那么做好新时期企业思想政治工作，以增强企业的凝聚力和向心力，促进企业按照市场经济规则健康运作和发展就显得更为重要。

为适应新形势下的新情况，使企业思想政治工作卓有成效，就必须遵循以下方针与原则。

一、企业思想政治工作的基本方针

思想政治工作必须坚持以马克思列宁主义、毛泽东思想和中国特色社会主义理论体系为指导，以正确的舆论引导人，以高尚的精神塑造人，以优秀的作品鼓舞人，培育有理想、有道德、有文化、有纪律的公民。企业思想政治工作必须坚持从实际出发，增强针对性和实效性。

（一）疏导

1.疏导的含义

"疏导"最早见于大禹治水"疏浚河道，导水以行"的典故。简单而言，疏导就是疏通引导的意思。所谓疏通，就是广开言路，集思广益；所谓引导，就是循循善诱，说服教育，把群众的思想引导到正确的方向。在企业中，疏导即指对干部职工反映的思想认识问题，要通过耐心说服和积极疏导去解决，把大道理转化为小道理，做到循循善诱，启发觉悟，形成共识。

2.疏通与引导的关系

疏通和引导是辩证统一的过程。疏通是引导的前提，引导是疏通的目的。要在疏通中引导，在引导中疏通，又疏又导。没有疏通就无所谓引导，更谈不上正确的引导；没有引导疏通也就失去了实际意义。

疏通是引导的前提。有效的思想政治工作必须从疏通开始，离开了疏通这个基础，就无法进行引导。言路不疏通，不同意见反映不上来，就谈不上弄清思想，引导也就缺乏现实的基础。这正如治水一样，如果不首先疏通河道，引导水流方向也就无从谈起。而有些同志不善于做深入细致的思想政治工作，总喜欢采取压服的态度，希望三言两语就把对方说服，而不是耐心地倾听对方的意见，甚至听不得不同意见。这种离开疏通的思想政治工作，由于没有牢固的基础，也就根本达不到引导的目的，因而不可能起到思想政治作用。

引导是疏通的目的和归宿。疏通是手段，引导是目的。离开了引导，疏通不但失去了意义，还会走向疏通的反面。这就好比人们只注意开挖河道，而不注意水流方向，结果是到处挖河道，劳民伤财，非但不能治水，反而为新的洪水泛滥埋下祸根。在思想政治工作中，如果我们只强调广开言路而忽视正确引导，对一些错误的思想认识和言行，不是主动地去加以正确引导，而是听之任之，不敢实事求是地进行批评教育。这实际是借疏通之名行取消引导之实，从而削弱企业的思想政治工作。

（二）以理服人

要掌握思想政治工作的主动权，思想政治工作者必须具有较高的理论知识水平。思想政治工作者做到以理服人，要具备以下几种能力：

第一，要正确理解和掌握马克思列宁主义、毛泽东思想、邓小平理论、"三个代表"重要思想、科学发展观和习近平新时代中国特色社会主义思想的内涵。熟练掌握相关的政策、法律法规知识以及企业的规章制度。

第二，要具有政治、法律、历史、现代经济和科技等知识，只有这样才能掌握主动。

第三，思想政治教育要实事求是、有的放矢，要通过调查研究摸准弄清事实真相，了解不同人的具体思想问题。摆事实既不能言之无物，也不能言过其实，要有充分的根据，要令人真正信服。

第四，讲道理要有针对性，要根据人们的思想水平、觉悟程度、接受能力的不同，分层次地进行说服教育。要针对具体人的具体思想，有的放矢地摆事实、讲道理，具体问题具体分析，是什么问题就解决什么问题。

（三）以身正人

企业领导者以身作则是一种无声的命令，能有效地激发职工积极性，其优良的思想作风、工作作风与生活作风潜移默化地感染、教育着职工，对调动职工的积极性具有特效性。古语说，"正人先正己"，"其身正，不令而行；其身不正，虽令不从"。随着人们交往渠道的增多，各种信息的畅通，人们对领导的了解就更直接、更全面了。因此，领导的一言一行、一举一动，不仅直接关系自己的形象，而且影响到思想政治工作的成效，这就要求领导时时处处以身作则、率先垂范。凡是要求别人做到的，自己首先做到；凡是要求别人不做的，自己首先不做，这也是思想政治工作者应有的基本功。

（四）"三贴近"方针

贴近实际、贴近生活、贴近群众，是思想政治工作的一条历史经验，是思想政治工作所应遵循的一个基本方针，也是思想政治工作增强针对性、实效性的根本保证。今天，在新的社会历史条件下，站在新的历史高度，从新的、更加开阔的视野来认识研究这个问题，并使这一方针以更为丰富的新内涵在思想政治工作实践中得以贯彻，对于思想政治工作适应时代要求和实践需要不断创新具有重要的现实意义。

二、企业思想政治工作的基本原则

（一）必须坚持为实现党的路线和政治纲领服务的原则

1.为实现党的路线和政治纲领服务的原因

企业思想政治工作，从本质上来说是党在职工群众中的工作，与党的路线和政治纲领有着十分密切的联系。马克思主义认为，政治是经济的集中表现。即政治集中反映了不同阶级在不同时期的根本的经济利益。工人阶级的政治，是工人阶级及广大劳动群众根本利益的集中表现。政治是关系全局的，决定着各行各业政治工作的方向和内容；政治工作则是完成政治任务和实现政治纲领的保证；思想政治工作和党的建设则构成党的政治工作。

中国共产党的最高纲领是实现共产主义远大理想，是最合理、最公平、最美好的共产主义社会，代表着我国工人阶级和劳动群众及全人类绝大多数人的最高利益，即最高尚的政治。最高纲领统率不同历史阶段的基本纲领，并由基本纲领的不断实现来保证和实现。党的基本路线，即"领导和团结全国各族人民，以经济建设为中心，坚持四项基本原则，坚持改革开放，自力更生，艰苦创业，为把我国建设成为富强民主文明和谐的社会主义现代化强国而奋斗"，集中反映了现阶段我国工人阶级和劳动群众的根本经济利益。这就是现阶段我国工人阶级的最大政治。它规定了党和国家的根本制度、政治任务、大政方针和基本纲领。这就要求我们的思想政治工作必须有效地宣传贯彻"两个基本点"，为经济建设这一政治任务服务，保证实现富强、民主、文明、和谐的社会主义现代化国家这一基本纲领，为实现最高纲领——共产主义创造条件。毛泽东指出，领导我们事业的核心力量是中国共产党，指导我们思想的理论基础是马克思列宁主义。

中国特色社会主义共同理想和共产主义远大理想是共产党人的精神支柱和力量源泉，是凝聚和召唤广大群众团结奋斗的光辉旗帜。同时，它也是企业思想政治工作的一项总原则，违背了这一原则，思想政治工作就失去了正确的方向和根本内容，也就失去了思想政治工作的职能和实际意义。

2. 如何为实现党的基本路线和政治纲领服务

企业思想政治工作如何为实现党的基本路线和政治纲领服务呢？

（1）要从思想观念上明确思想政治工作的目的性

企业的根本任务就是在发展生产、创造财富、提高经济效益的同时，努力培养和造就"四有"职工队伍。这是党的政治纲领在企业中的具体体现，也是生产力发展的客观要求。企业整体素质提高、效益不断增加是以职工综合素质的不断提升为前提的。企业思想政治工作要紧紧围绕完成企业的根本任务来进行，并以完成任务的优劣程度来检验思想政治工作的效果。这是企业思想政治工作的根本出发点和归宿。

（2）要保证党对企业的思想政治领导

"四项基本原则"是立国之本，坚持党的领导是坚持"四项基本原则"的核心，是我们各项事业得以发展的最大优势，关系到现代化建设和改革开放事业的成败。我们要把党的路线、方针、政策，全面地、系统地宣传贯彻到全体职工中去，成为行动的指南。我们要大力加强企业党组织的建设，真正发挥各级党组织的政治核心作用、战斗堡垒作用和共产党员的先锋模范作用，自觉地结合相关企业职工思想实际和生产经营实际，制定出具体的规划和措施。

（3）要保证企业的社会主义性质和方向

企业是先进生产力集中地，是社会主义经济基础的物质载体，是社会主义经济的细胞。企业的一切活动就是为国家和人民谋取最大的经济效益和社会效益，绝不能以企业的局部利益损害国家和人民的根本利益。我们必须通过思想政治工作，使企业坚持止确的改革方向和目的，坚持"国家利益至上，消费者利益至上"，严格遵守国家和行业的法律法规，维护公有制、公共财产不受侵犯；使企业在遵循社会主义基本经济规律的前提下，运用好价值规律，自觉地为建立和完善社会主义市场经济体制而努力；使企业全体职工的主体地位和主人翁地位充分得到保障，人人都有知情权、话语权、参与权和监督权，依靠职工群众管理企业；使企业严格遵守"各尽所能，按劳分配"的原则，坚持物质鼓励和精神鼓励相结合，鼓励竞争，奖优罚劣，奖勤罚懒，公平合理地处理好经济利益分配关系，严防责任不清、奖罚不明和分配不公。

（二）理论联系实际的原则

1.实事求是的含义

实事求是，一切从实际出发，是企业思想政治工作的根本思想方法。它有两层含义：其一，要反映事物的客观真面目，有一是一，有二是二；是白的就是白的，是黑的就是黑的。其二，要揭示事物内在的必然联系即规律，得到真理，再以真理为指导，依据特定的时间、地点和条件，去争取有利于企业和社会的效果。思想政治工作的过程，说到底是引导职工群众了解、正视现实，揭示真理，接受和坚持真理，最大限度地发挥企业物质技术条件的作用，以达到提高经济效益和社会效益的目的之过程。客观上要求思想政治工作必须坚持实事求是，一切从实际出发，立足于摆事实、讲道理、重实效。做到说实话、说真话，办实事、办真事，解决实际问题①。

2.实事求是的要求

要坚持实事求是，一切从实际出发，就必须做到以下三点：①要十分重视调查工作；②要具体情况具体分析；③要把解决认识问题与解决实际问题结合起来。

（三）坚持同育人树人结合起来的原则

以人为本是企业思想政治工作的根本方针，因此，企业的思想政治工作要同育人树人结合起来。

1.要准确把握职工思想脉搏

马克思主义告诉我们，思想是人脑的产物，是客观事物在人脑的能动反映，是支配行为的原动力。思想的形成，大体要经过对客观事物的刺激、感受、传入、思考、传出五个环节，并随着主客观条件的变化而不断改变。我们要以人为本做好企业思想政治工作，就必须及时准确地把握职工的思想形成及心理变化动向，从职工思想活动规律中探索思想政治工作的办法与对策，使之具有针对性和时效性，这样才能把思想政治工作做到职工的心坎上。如果我们连职工的思想和心理状态都不太了解，那从何处着手去做思想政治工作呢？

当前，随着市场经济的深入发展，影响职工思想变化的因素很多：一是物质因素，包括生产资料和消费资料（如吃、穿、住、行、用等）；二是精神因素，包括理想、信仰、文化、道德、爱情等；三是意识形态因素，包括阶级、政党、法律、政策等；四是社交因素，包括人际交

---

① 李建国，李文静. 新时代国有企业思想政治工作方法创新研究[J]. 现代国企研究，2023(S1):110-114.

往、社会交往、国际交往等；五是主观因素，包括性格、气质、职能、兴趣、习惯等。我们要把企业思想政治工作做深做细，就一定要时刻关注这些因素对职工的影响，做到知己知彼，并以超前思维把工作做在前头，即通常所说的"超前工作法"，使企业思想政治工作更加贴近实际，更加体现人性化。

2.大力提高职工的综合素质

企业发展靠产品，产品发展靠人才，人才成长靠培育。在市场经济条件下，企业之间、产品之间竞争十分激烈，实施"人才强企"战略显得极为重要。然而，由于历史原因，我国各类企业人才尤其专业技术人才十分紧缺，中小企业职工不仅多数来自农民工，其专业技能基础差，且流动性大，与企业经济发展极不相适应。唯一解决这一问题的办法，就是建设学习型企业，培养知识型职工。这既是企业生存发展、保持活力的需要，也是对职工的一种关心和爱护。

面对这种情况，作为企业思想政治工作者，一方面要突出抓好理想信念和公民道德教育，着力抓好职业道德、社会道德和家庭美德教育，在职工中形成共同理想、道德、价值观和行为规范，培养团队协作精神和敢打硬仗的思想作风，树立公平竞争、顾客至上、诚信为本的思想，形成独具特色的企业文化，使其成为企业发展的精神支柱和力量源泉。另一方面，要协助企业领导重点抓好科技人才、管理人才和工人中的高技能人才三支队伍建设。在感情上、待遇上、事业上吸引人才、留住人才、使用人才的同时，采取岗前培训、职工从业资格鉴定、脱产轮训、在岗学习和选送外出深造等方式，对他们不断"充电"，使他们成为知识不断更新、技能不断提高、业务素质不断增强的综合人才队伍。

（四）思想政治教育与严格组织纪律相结合的原则

要搞好职工思想政治教育，必须做到"三心"，即热心、细心、耐心。热心，是指对职工满腔热情、温和可亲，职工都是活生生的人，没有火一般的热情，是做不好思想政治工作的。细心，是指把思想政治工作做得仔细、认真，尽量做到无微不至，要推心置腹地与职工交心、谈心，把工作做到家。耐心，是指不怕麻烦，坚持不懈、反反复复地做工作，直到职工转变思想为止。同时，要严格组织纪律、奖惩分明，对执行好的要奖励，对违反纪律的要惩处。

第三章 新形势下企业思想政治工作创新

第一节 企业思想政治工作面临的新形势

进入新世纪新阶段，整个世界正在发生广泛而深刻的变化，国际环境和国际形势日益复杂，世界正经历百年未有之大变局；与此同时，当代中国正在发生广泛而深刻的变革，其发展也呈现出一系列新的阶段特征，从生产力到生产关系、从经济基础到上层建筑都发生了意义深远的重大变化，这一切都给企业的思想政治教育工作提出了许多新的课题。因此，要探索新形势下思想政治工作的新思路、新办法，不断提高企业思想政治工作的质量和效率，必须科学、全面地分析和认识当前国内外形势。

一、国际经济形势

当前，国际环境复杂多变。处于百年未有之大变局中的世界经济出现了一些新的特征，世界经济治理的变革出现了一些新迹象、面临一些新难题，这些对发展中国家及中国经济的发展和政策调整必然有着重要而深远的影响。国际经济环境的变化使中国经济正经受着严峻挑战和重大考验。

（一）全球化趋势加强

由于生产力和科技的发展、国际分工的深入，经济全球化已成为世界经济发展的客观趋势。所谓全球化，是指人类社会生活跨越国家和地区的界限，在全球范围内展现的全方位的沟通、联系、互相影响的客观历史进程和趋势。它是当今世界发展的客观趋势和历史潮流，深刻地影响着社会的政治、经济、文化等各个领域，几乎世界各国都在不同程度上参与了全球化过程，全球化由经济领域展开，但其所产生的作用和影响绝非仅仅限于经济领域。经济全球化只是全球化的一个最主要的方面，实际上是以西方发达国家为主导、以跨国公司为推动力的世界范围内的资源优化配置，归根到底是一个全球经济市场化或市场经济全球化的过程。全球化是一把锋利的"双刃剑"，它既为我国经济全面、快速、健康发展带来了前所未有的机遇和动力，又给我们的经济社会生活带来了更大的压力和挑战，势必给我们的思想政治工作带来更多的新课题和新挑战。

（二）知识经济初露端倪

从技术进步和生产力发展的角度出发，可将人类社会经济发展大致分为劳力经济、资源经济和知识经济三个阶段。劳力经济时代社会经济的发展主要取决于劳动力资源的占有和配置；资源经济时代社会经济的发展主要取决于对自然资源的占有和配置；知识经济时代社会经济的发展则主要取决于对知识、智力资源的占有和配置。所谓知识经济，实质上是以智力资源的占有和配置以及以科学技术为主的知识的生产、分配和使用消费为最重要因素的经济。

科学技术是第一生产力。知识经济是一种社会发展趋势，并已初露端倪，这必然给社会和人们带来许多新观念、新问题，也为思想政治工作提供了广阔的发展空间，必将丰富和发展思想政治工作的内容和方法。

二、国内社会形势

在当今世界发生广泛而深刻的变化的同时，当代中国也正在发生广泛而深刻的变革。进入新世纪新阶段，我国发展呈现出一系列新的阶段特征，从生产力到生产关系、从经济基础到上层建筑都发生了意义深远的重大变化。这一切都必将会给企业的思想政治教育工作带来许多全新的课题。

（一）市场经济体制不断深化

随着我国改革开放和社会主义现代化建设的不断深入，社会主义市场经济体制不断深化，我国社会生活正在发生复杂而深刻的变化，一个重要特征是：利益主体、生活方式、就业方式和社会经济组织形式多样化的经济发展趋势日益显著。市场经济的动力机制、利益机制能够促使企业提高经济效益和效率，但从另一面来说，市场经济的趋利性特点又容易使人产生"金钱万能"的观念，不能正确处理集体、企业和个人的利益关系，滋生了拜金主义、享乐主义和利己主义思想，人生观、价值观发生严重扭曲。一些人道德失范，主张"一切向钱看"，把金钱作为衡量一切的标准，甚至把商品交换原则引入政治、社会和文化生活，削弱了国家观念、集体观念、义务观念和社会责任感。尽管市场经济承认追求个人利益的合理性，但也使一些人由此滋长了个人利益至上，在一切活动中唯利是图，把是否有利于个人利益作为衡量一切的唯一价值尺度。经济体制的转轨，打破了传统企业思想政治教育中的个人和集体的利益一致、先"大家"后"小家"的观念，个人在利益的驱使下更多地追求经济利益[①]。企业思想政治工作的职能也开始变化，由高度控制变为引导和协调，并且促使个人利益不断得到强化和合法化。

现代企业思想政治工作正处于一个改革创新的时期，如果做得不好，广大职工消极，甚至不愿意去接受思想政治教育，就无法真正发挥市场

①陈虹. 改革开放以来中国共产党人关于国有企业思想政治工作思想研究[D]. 电子科技大学,2020.

经济条件下思想政治的优势。我国改革实践过程中对利益调整的广泛性和不平衡性，使各种物质利益得以凸显，社会成员对个人利益的意识开始觉醒，对其逐步投入了越来越多的精力，且越来越追求个人利益。企业要追求经济效益，就必须重视社会成员合法的个人利益，更重要的是要在企业中协调好各种组织之间的利益关系，这对企业效益的提高是至关重要的。市场经济也影响着国家对社会成员的激励机制。计划经济下，我国企业对"物质刺激"的废置和对"精神刺激"的完全依赖，构成了我国独特的刺激结构和激励机制，但这是建立在社会成员的个人利益与组织利益高度统一的基础之上的。随着经济体制改革开始并逐渐深入，纯粹的精神激励已不再能够打动人心，物质鼓励当然成为改革的方向。企业的思想政治工作也应该沿着这一思路开展工作，肯定职工合法的个人利益，着眼于职工现实的需要，在调动积极性的同时重视物质利益的作用，使职工主动积极地参与到企业的建设和变革中来。

（二）可持续发展战略正在实施

党的十六大报告中指出，必须把可持续发展放在十分突出的地位，在现代化建设中必须实施可持续发展战略。所谓可持续发展，是指既满足当代人的需要，又不能对满足后代人需要的能力构成危害；当代一部分人的发展也不能损害另一部分人的利益。可见，可持续发展展示了一种崭新的社会文明，这种文明不是割裂了的纯粹物质文明、政治文明或精神文明，而是"三个文明"的统一。思想政治工作的创新是可持续发展的必然要求。可持续发展战略的实施，给人们的思想观念带来了变化，也必然给思想政治工作提出新的任务和要求。归纳起来应该包括以下几个方面。

1.思想政治工作必须坚持服务人民的宗旨，为可持续发展提供正确方向

实施可持续发展战略是新时期坚持党的宗旨的重要体现，是在谋求"三个文明"共同进步中对人民群众根本利益和长远利益最深切的关注。

因此，思想政治工作就必须坚持以为人民服务作为社会可持续发展的核心和最终目标。从这个目标出发，企业思想政治工作就应该处理好国家、企业和个人三者的关系，在对待企业经济发展上，克服急功近利的短期行为，推动企业履行社会责任，这是企业自身竞争发展的需要。中国加入WTO后，一些跨国公司纷纷对供应链上的中国企业实施社会责任标准认证，这同时也是我国经济发展对企业的要求。企业不仅要追求一时的经济效益，还要兼顾长久的事业发展。企业思想政治工作帮助企业树立社会责任的价值导向，协调企业与利益相关者的关系，保证企业持续、健康发展并为社会主义事业贡献力量。

2.强化道德建设，为可持续发展提供精神支柱

可持续发展具有浓厚的伦理道德色彩，它要求人们能正确处理人与自然、人与社会、人与人三个基本关系。但是，在市场经济条件下，在社会还存在不同利益主体的前提下，人类在对待自身需要满足的问题上是难以表现出性本善的。这就是说，适合社会可持续发展的伦理道德观的形成，需要通过社会个体后天的道德践行和社会整体有意识的建构。对此，企业思想政治工作大有作为，它可以在马克思主义价值观和道德观的指导下，对党员和群众加强社会公德、职业道德和家庭美德的教育，有的放矢地帮助人们树立崭新的、现代的社会、生态和科学伦理道德观，为可持续发展提供精神支柱。

3.开发智力资源，为可持续发展提供动力

可持续发展观认为，社会发展的首要因素是人的可持续发展。人是社会发展的主体。现代社会中的主体，除了具有主体的一般特性（如主动性、自主性等）外，还应具有创造性，即创新能力。创新是一个国家和民族的灵魂，是社会发展的不竭动力，也是可持续发展的无尽资源。因此，思想政治工作应该把开发智力资源作为重要内容来抓。一方面，企业思想政治工作者应该积极学习企业管理知识，并掌握一到两门技术，这是企业对人才的要求，也是思想政治工作焕发生命力的需要，教

育者首先应该接受教育。另一方面，企业要积极对职工进行知识技能的培训，提供晋升和出国深造的机会。总之，企业在理念上应该树立可持续发展的观念，每个职工也应该树立终身学习的观念。当然，企业为了自身长远的发展，也应该完善企业各种硬件设施，为职工的智力发展、能力提高提供一个良好的环境。

（三）现代民主政治不断发展

从20世纪80年代开始，中国经济社会进入了前所未有的制度性变迁新阶段，企业思想政治工作的背景和环境也发生了结构性改变，但是思想政治工作为党和国家意识形态社会化的重要工具和手段，作为"一切经济工作的生命线"，它的重要地位始终没有改变，而且思想政治工作的内容、形式、方法、手段不断渗透着民主法制的因子。首先，在企业思想政治工作的内容上，要体现丰富性，不仅要加强思想道德教育，也要加强科学文化知识的灌输，不仅要学习政治理论知识，更要加强经济知识学习，做到关注现实、认清形势、拓宽领域、丰富自己。把企业的特点和当今时代的政治文明环境结合起来，开展企业思想政治工作也就做到了有据可依。其次，在思想政治工作的对象上，要体现思想教育的先进性和广泛性。要在企业中贯彻"大思政"的思路，不仅要对企业党员干部和高层职工进行教育和学习，基层职工也要广泛参与到思想政治教育和学习之中，思想政治教育重要在基层。基层职工的政治地位得到提高，自身得到尊重，就会主动归附企业组织的领导，企业思想政治工作的有效性得到提高，进而带动企业效益的提高。最后，在思想政治工作的方法上，要体现出科学化和法制化，既要尊重科学、以人为本，又要尊重法律。此外，还要打破传统的说教和生硬灌输的教育方法，关注隐性教育的方法。企业的领导干部和高层职工首先要做好表率、树立榜样，通过思想政治工作了解职工的需要，在双向互动中进行教育和学习，保证交流通道的畅通。原则的规范性和科学性加上方法的灵活性是今后做好企业思想政治工作的努力方向。

（四）社会结构的转型和变迁

我国经济体制转轨以来，思想政治工作的有效性遭遇到了空前严峻的挑战。在传统的经济体制下，企业对职工个人的控制力强，职工和思想政治工作者处于一种不对等的位置上。而在社会结构变迁后，职工在企业中的地位得到提升，职工的利益也得到了考虑。这也是企业思想政治工作有效性的前提。

1.随着体制的转轨，社会机构向多元化、开放方向发展

计划经济体制下的传统社会是一个封闭、高度统一的社会，企业就成为一个封闭的社会机构，包揽了职工的一切生活和生产的需要。随着经济体制的转轨，社会机构向多元化、开放方向发展，企业思想政治工作面对这样的环境如何开展工作是至关重要的。既要坚持国家提倡的价值观和道德原则，也要尊重企业职工个人的思想、观点偏好和生活方式，宏观上整合企业精神和基本价值观，微观上最大限度地开发企业成员的创新精神。总之，多元整合代替强制统一应该成为企业今后开展思想政治工作的努力方向。

2.人类活动的选择性和复杂性增强

在对外开放中，人们接触到大量令人眼花缭乱的异质文化，中西方文化相互激荡，再加上现代传媒的普及、信息渠道的拓宽，使人们增多了选择信息和观念的机会。由于国外资产阶级腐朽思想文化乘虚而入，以及封建主义残余思想沉渣泛起，新时期衍生的一些大众文化对人们的思想也产生了消极影响。尤其是西方一些错误的政治、经济思想，更是对人们产生了不可低估的消极影响。总之，在社会主义初级阶段，由于种种原因，马克思主义同非马克思主义的斗争，唯物论同唯心论的斗争，无神论同有神论的斗争，科学同伪科学的斗争，将是长期的、复杂的，有时甚至是很激烈的，这就增加了我国思想政治工作任务的艰巨性和复杂性。

第二节 新形势下企业思想政治工作的创新

思想政治工作创新是马克思主义的本质要求。企业思想政治工作必须随着时代的变化、工作对象的变化、中心工作的变化，不断进行调整、创新，从创新中求得进步和发展。

一、企业思想政治工作的观念创新

众所周知，思想是行动的先导，任何一项工作的成功都离不开正确的思想指导。企业思想政治工作的创新，前提是解放思想、转变观念，打破传统单一的思维定式。对企业来说，凡是有利于发挥党的政治优势、有利于推动企业改革和发展、有利于团结职工群众、有利于增强企业凝聚力的思想政治工作观念，都应大胆尝试和采用。要根据本单位、本部门的实际需要确定思想政治工作的思路，力求工作上有独创性、超前性和开放性，努力寻找思想政治工作与生产经营的平衡点，使思想政治工作能够充分发挥其独特的作用。当前企业思想政治工作特别要树立以下观念。

（一）强化企业思想政治工作的效益观念

思想政治工作是以人为对象的，是直接针对人们工作、生活中遇到的思想问题而开展的工作。从一定意义上说，从事思想政治工作也同经济工作一样存在着"投入"和"产出"的问题。但是现实中确实存在着两种截然不同的思想政治工作：一种是有效益的思想政治工作，一种是无效益的思想政治工作。只有有效益的思想政治工作，才是有现实意义的思想政治工作。那种无效益的思想政治工作，实质上是一种脱离实际的主观主义、形式主义的东西。

1.重视与企业的发展目标相协调

企业思想政治工作也要进入"市场"，走向市场第一线，善于在市场经济的前沿阵地开展工作，努力将思想政治工作的触角延伸到企业的生产、管理、营销、技改以及职工生活等各个领域，扩大思想政治工作的覆盖面和辐射面。和企业经济工作的目标一样，企业思想政治工作效益与企业的发展使命并不矛盾，而是相协调的。企业思想政治工作效益的实现过程，表现为职工的思想政治觉悟不断提高，并体现在职工在日常生活工作中的行为表现。企业思想政治工作效益本质上是总体的、长远的效益，必须坚持立足实现长远目标来规划实施当前的每一项工作，才能创造思想政治工作的最大效益。

每个企业的经济工作一般都有年目标、月计划、周安排等，思想政治工作不仅不应该忽视它，而且应该服务于它，发挥合力作用。企业发展以人为本，而企业职工的思想问题，往往是通过企业生产经营活动表现出来的。因此，思想政治工作应延伸到工段、班组、岗位和家庭中，延伸到产、供、销的全过程，这样，思想政治工作才能具有针对性、及时性和有效性，避免流于形式或空洞。要做到以科学的理论武装人，以正确的舆论引导人，以高尚的精神塑造人，以优秀的作品鼓舞人，以深入细致的工作教育人。离开对发展主体——人的关心、人的塑造，企业就失去了"民心"，企业发展就要失去根本的支撑点。因此，要把职工思想、精力引到企业经济工作上，齐心协力，积极工作，圆满完成生产经营的各项任务，以提高思想政治工作的效益。

2.重视运用科学的方法提高效益

现代科学技术日新月异、不断进步。科学文化知识也是启迪人的心灵的一把钥匙。对科学文化知识在思想政治工作中的作用缺乏认识，致使思想政治工作的内容单调，路子越走越窄。诚然，灌输政治理论是思想政治工作的一项重要任务，但并不排斥其他方面的教育内容和渠道。在思想政治工作中，随着改革的深化和市场经济的发展，人们越来越懂得"知识就是力量""科技是第一生产力"这些名言的真谛，因此利用科学文化知识以陶冶情操、开阔视野、解开心头之疑，特别是对于解决某些因缺乏科学知识而结下的思想"扣子"作用更大。科学文化知识不但可以解决一些由愚昧和迷信而产生的思想问题，而且还可以使职工的精神世界变得充实，有利于职工树立远大的理想，培养良好的道德情操，使抽象的道德靠知识的传播转变为形象的东西，更能引人入胜，使职工乐于接受，思想政治工作就会取得更好的效果。当然，要充分发挥科学文化知识在思想政治工作中的作用，它要求我们领导干部必须克服轻视科学的偏见，在学习马克思列宁主义、毛泽东思想和中国特色社会主义理论体系，学好党的路线、方针、政策的同时，努力学习科学文化知识，改变知识结构单一的状况，学会运用科学文化知识启迪职工心灵的本领，到市场经济中去找题目，大胆探索，大胆实践，用科学的东西来为思想政治工作服务，以提高思想政治工作的效益。

3.重视运用激励提高效益

马克思、恩格斯很早就提出了人的需要的理论，并且认为，"在现实世界中，个人有许多需要"。在马克思的观点中，关于人的需要大体上可以分为四个方面：物质生活和物质利益的需要是人的第一需要，即最基本的需要；精神文化的需要是人的基本需要之一；劳动的需要和交往的需要既是低层次需要，更是高层次需要；人的价值的全面实现和人的才能自由发展的需要是人的最高层次的需要。美国心理学家马斯洛也提出了需求层次理论，即人类的需要由低级到高级可分为五个层次：生理需要、安全需要、社交需要、尊重需要、自我实现需要。引入内在约束与激励机制就是要注重人的最高层次需求，激发自我发展、自我实现的需求。

随着市场经济的逐步发展和完善，所有企业都开始在如何完善激励及约束机制方向进行探讨，有的企业为了提高干部职工的素质和工作效率，在制定规章制度或出台措施时过分强调了约束的条款，在教育过程中过多地给予了批评，而忽视了表扬和激励的作用。激励和约束作为管理工作的重要手段及思想教育的基本方式，应二者兼顾，尤其不能忽视激励。激励能对干部职工期望取得政治上的进步和事业上的成功的心理起"催化"作用。当一个人看到自己的进步和成功并因此受到大家的赞许时，就会产生满足感，精神愉快，进而更加坚定自己成功的信念，付出加倍努力，在良好的心理机制条件下争取新的成功。因此，正确的表扬、奖励，能够在干部职工中形成"成功—赞扬—愉快—成功"的良性循环，使干部职工始终保持良好的心理状态和愉快的心情，从而达到减少思想问题、努力实现工作目标之目的。在现实工作中，坚持以激励为主，也容易形成和谐的干群关系和良好的思想工作环境。在思想工作中，我们一定要坚持辩证的观点，要善于发现每个干部职工的长处和优点，充分调动他们的积极性。即使对问题暂时较多的同志，也要看到本质和主流，努力挖掘其内在的积极性，使他们不断增强奋发向上的动力，自觉克服缺点和不足。要实现这一目的，良好和谐的干群关系和思想工作环境是重要的因素和条件。表扬和激励，实际上对干部职工的思想言行起着导向作用，并对干部职工的思想起着潜移默化的作用。在实际工作中，一个单位如表扬激励运用得当，单位典型多，好人好事多，这个单位必然正气足，各项工作都会处在领先地位。因此，思想政治工作中必须充分地运用好激励机制，重视发现和表彰激励干部职工中的先进典型，使干部职工自觉向先进看齐，克服自己身上的不足，努力培养出更多的优秀的干部职工。当然，提倡充分运用激励机制，不是说约束机制可以废弃和不要，必要的奖罚和批评也是该有的，思想政治工作一定要有很强的原则性、思想性，提倡什么、反对什么要是非分明、毫不含糊。

总之，在企业的思想政治工作中，应树立效益成本观念，充分调动广大职工的主观能动性，落实于每项工作中，才能有利于企业效益的全面提高。

（二）强化企业思想政治工作的服务观念

必须将思想政治工作的出发点和落脚点放在解决职工群众所面临的现实问题上，使广大职工群众切实感受到思想政治工作的作用。

企业思想政治工作要落到实处，关键是要真正做到诚心诚意为职工群众办实事，尽心竭力解难题，坚持不懈做好事。只有把最现实、最具体、职工群众最关心的小事、实事做好了，思想政治工作才能落到实处。积极为职工谋求看得见、摸得着的物质利益，帮助解决好群众的"柴米油盐"问题，是思想政治工作者应尽的职责，也是维护职工正当利益的重要内容。但这些并不是办实事的全部内容，也不能涵盖思想政治工作的全部责任。如果人们仅局限于物质利益的追求，就无法抵制各种腐朽思想的侵蚀，就有可能迷失前进的方向，甚至干出违背国家和民族利益的事情来。因此，在办实事过程中，不仅要"务实"，还要"务虚"；不仅要解决问题，让群众真正感受到党的温暖，还要提高思想觉悟。只有把二者统一起来，才能互相促进、相得益彰。

1.提高思想认识，转变服务观念

坚持权为民所用、情为民所系、利为民所谋，为职工群众诚心诚意办实事，尽心竭力解难事，只有这样职工群众才会与企业同呼吸共命运。服务既是事务性工作，也是一项很重要的思想政治工作，是很具体、很琐碎、很艰苦的群众工作，要体现以人为本的思想。在实际生活和工作中，服务既有实际问题，也有思想问题，这就要求做思想政治工作必须本着对人民高度负责的政治责任感、热情服务的精神，设身处地地为群众着想，尽量满足群众的愿望，不怕劳苦，不怕压力，不嫌麻烦，知难而进，任劳任怨，让群众得到实惠，感受到党组织和领导的温暖。

人的需求是动态的、发展的，因而服务也是无止境的。一般来说，职工遇到困难和问题，只有在自身不能解决或者不能得到满意的解决的时候，才会向企业领导和组织反映并寻求帮助。因此，企业领导和各级组织必须对职工反映的每一个问题高度重视，进行具体分析、综合研究，从中找出解决问题的办法。也要看到，为广大职工服务，不同时期有不同的困难，不同职工有不同的要求，能否及时了解职工缺什么、少什么、想什么、盼什么，能否用心体会这些事，并做好它是非常重要的。群众利益无小事，凡是涉及群众的切身利益和实际困难的事情，再小也要竭尽全力去办。小事紧贴群众，看似鸡毛蒜皮，同样不能马虎。实际上，职工往往就是从一件一件的小事、实事中来评判企业各方面的工作的。实践证明，只要企业思想政治工作牢固树立为职工群众服务的思想，就能受到职工群众的欢迎。

2.坚持与时俱进，追求服务创新

时代在前进，社会在发展，在新形势下思想政治工作应与时俱进、求真务实、真抓实干，在服务上也应不断创新。

思想政治工作要引导企业管理者逐步树立起"企业成长靠大家"的思维。只有这样才能在行动上逐步将职工的意见放在一个重要的位置上来，并在思想意识上树立起"为职工谋福利"的观念。比如，对于那些家境贫寒或者遭遇突发事件需要特殊帮助的职工，企业应该给予特殊照顾并用一颗关爱的心为这些职工送去温暖、献上爱心，帮助他们渡过难关，确保他们生活有着落。比如，为畅通职工意愿表达渠道，可以建立民主议事会，设立信箱，开通热线电话，公开领导电子邮箱，定期召开职工对话会、座谈会，组织职工代表巡视，发放征求意见表、调查问卷等，了解职工利益诉求，有针对性地为职工服务。

企业要积极创造条件，不断营造和谐、健康的氛围。要结合企业和职工的思想实际，深入开展"职业道德、社会公德、家庭美德"等体现中华民族传统美德和时代要求的思想教育。在此基础上，还要善于引导职工以自愿参加企业文化建设为依托的技术比赛、业务培训、企业民主管理等各种实践活动，促使他们加强对企业管理行为的理解，增强对企业改革、发展、稳定的认知，进一步深化对自身潜能的认识，在和谐健康的环境中把自己锤炼成为对社会、对企业有用的人才。在工作着力点上，要善于理顺情绪、化解矛盾、提高士气、振奋精神、深化教育、和谐相处，使职工拥有健康的心理。要在解决实际问题上下功夫，努力建立一种公开、公平、公正的利益分配体系，让企业的发展成果惠及所有职工。面对具体的思想问题，要以大多数职工的根本利益、愿望和要求为出发点，把思想政治工作与解决实际问题有机结合起来，创造条件多为职工办好事、办实事、解难题，多做得人心、暖人心、稳人心的工作。

（三）强化企业思想政治工作的求实观念

要把思想政治工作做实做好，真正解决矛盾和问题；要从本单位实际出发，有明确的工作思路和目标。

1.动之以情，是增强思想政治工作实效性的重要前提

这里的情，是指在沟通、理解、信任的基础上做到感情到位。动之以情，到底情动何处？当前应主要围绕全面建成社会主义现代化强国的奋斗目标，把感情真正动在解决职工的各种现实思想问题上。实现这一目标，除端正态度、掌握基本方法外，还需要把握好"动情"的艺术：

首先，要在解决形势变化和政策调整反映出来的思想问题上动"实情"。要用心熟悉基本情况，留心观察细微变化，潜心探索内在规律，真正把握思想脉搏，与职工面对面、心贴心、实打实，进行耐心细致、坚持不懈的说服教育，做好解疑释惑、提高认识、统一思想、凝聚人心的工作。

其次，要在解决个人家庭困难引起的思想问题上露"真情"。情系职工，心系基层，诚心诚意地给别人以温暖和关爱，是思想政治工作者的"真情"体现。要下功夫把解决思想认识问题同解决工作和生活中的实际问题结合起来，立足于现有条件，发挥组织优势，依据政策制度，千方百计为群众排忧解难。

最后，要在解决内外关系方面反映出的问题上倾"热情"。思想政治工作者要主动介入，以满腔的热情、平等的身份和讨论的方式与工作对象探讨问题、交流思想。通过自己的热情与行动去感化人和激励人，真正让对方感到舒心、顺气，为疏通思想、化解矛盾、营造和谐融洽的气氛创造条件，进而根据对方的真实思想反应，有针对性地做好思想政治工作。

2.晓之以理，是增强思想政治工作实效性的有效方法

晓之以理，就是要寓情于理、以理服人。通俗而言，就是要将大道理转化为群众听得懂、记得住、能管用的，能促进人精神升华的"小道理"，让人感到亲切、实在。要做到这一点，须在"讲理"上注意以下几点：

第一，晓之以理，要坚持因人而异。倘若不看对象，不分层次，千人一个理，这样做思想政治工作，既缺乏现实针对性，又缺乏理论说服力，是不会发挥其应有作用的。只有坚持具体情况具体分析，因人而异地讲道理、做工作，这样讲出来的道理才可能最大程度地被人们所接受，思想政治工作才可能真正收到实效。

第二，晓之以理，贵在平实可信。朴实的话最能打动人。近年来，许多思想政治工作者坚持把马克思列宁主义、毛泽东思想、邓小平理论、"三个代表"重要思想、科学发展观和习近平新时代中国特色社会主义思想转化为群众爱听易懂的小道理、实道理，把书面语言转化为职工乐于接受的口头语言，把党的方针政策转化为对职工管用的致富思路，得到了广大职工的真心支持和拥护。这进一步告诉我们，只有把道理讲清讲实、讲到职工的心坎上，才能使他们感到平实可信。

第三，晓之以理，要做到言情皆宜。思想政治工作者只有平等待人、循循善诱、神态用语恰当，才能受到职工欢迎。如对阅历较深、接受能力强的，语言可以讲得深奥一些，表情深沉一些也无大碍；而对内向或

心胸不宽的，语气就应该尽量柔和一些，表情尽量丰富一些。这样人们才更易于接受。思想政治工作者只有做到言情皆宜、恰到好处，才能实现情到理通，问题也才有利于从根本上得到解决。

第四，晓之以理，要注意时机得当。说理时机选择合理，思想政治工作就能获得事半功倍的效果。以笔者的工作实践来看，有两种情形需要在实践中恰当把握：一种是对于懊丧、郁闷等消极心理，可采用"热处理"，做到随机而发；另一种是对于喜悦、愤怒等亢奋心境，可采取"冷处理"，做到引而不发。实践证明，该"冷"不冷，就会火上浇油、激化矛盾；而该"热"不热，又会雪上加霜、使人沉沦。选择说理时机，还要透过人的神情、谈吐和习惯动作的变化，着力探求其内在心理因素，用心选择讲理的契机，因势利导，这样思想政治工作才能不失时机、收到成效。

（四）强化企业思想政治工作的"正当利益"观念

企业职工产生的思想问题，大多数与切身利益有关。开展思想政治工作不能忽视人们的切身利益。长期以来，由于受"左"倾思想影响，在进行思想政治工作时，讳言物质利益。这往往使思想政治工作只停留在讲大道理，甚至空话、套话上，显得苍白无力，出现了"大道理天天讲，工作做了千千万，难题还是万万千"的现象。思想政治工作绝不是那种脱离人间烟火的说教，只有树立正确的物质利益观念，尊重物质利益原则，思想政治工作才能发挥自身的应有作用。

当前，大多数的企业都面临着建立和完善现代企业制度的问题，面临着激烈的市场竞争的问题，不少企业还面临着重组、脱困、优化管理、职工再就业等问题。在国家失业保险、医疗保险、养老保险等制度仍在建立完善的情况下，这些问题自然牵涉每个企业职工的切身利益，职工的很多思想矛盾也是从这里产生。思想政治工作是做人的工作，人对自身利益普遍高度关切，这就需要我们树立关心和帮助职工实现自身正当利益的观念，积极引导职工正确认识自己的利益并团结起来为之奋斗。

1.引导职工树立正确的物质利益观

马克思主义认为人类对物质利益的追求是推动人们认识自然、认识社会及改造自然和社会的深刻动因。邓小平深刻地指出："革命是在物质利益的基础上产生的，如果只讲牺牲精神，不讲物质利益，那就是唯心论。"人们对利益的追求是一个客观存在的事实，因为人的生存和发展离不开一定的物质基础，而且人们奋斗所争取的一切，都同他们的利益有关。毛泽东说："马克思列宁主义的基本原则，是要使群众认识自己的利益，并且团结起来，为自己的利益而奋斗。"但个人利益获得的正当性只能以法律和政策的规定为根本尺度，正如同邓小平指出的："每个人都应该有一定的物质利益，但是这绝不是提倡个人抛开国家、集体和别人，专门为自己的物质利益奋斗，绝不是提倡各人都向'钱'看。"应正确看待个人的物质利益，处理好个人利益与企业集体利益和国家利益之间的关系。不能追求极端个人主义的物质利益观，使对金钱的崇拜取代了崇高的理想和基本的道德规范，从而变得急功近利和日益浮躁。这种极端个人主义的物质利益观、拜金主义思潮和急功近利的浮躁之气，会对企业和社会的发展造成严重的恶劣后果。

尊重物质利益原则，并不是不讲奉献。关注人们的物质利益是解决人们思想问题的前提和基础，但片面地把物质利益作为调动人们积极性和做好工作的唯一有效方法，只能将人们的思想引到"钱眼"里去。过去，在"左"倾思想的影响下，一些人鼓吹"精神万能"，轻视甚至反对物质利益原则，严重挫伤了人们的积极性。现在，有一些人又陷入了"金钱万能"的泥坑，认为思想政治工作过时了，不管用了。现实生活中确实存在着因忽视思想政治工作，结果引发工资增加了、奖金提高了，但仍发生如"拿起筷子吃肉，放下筷子骂娘"等牢骚满腹问题。可见，物质利益刺激并不是万能的，必须把关心人们物质利益与思想政治工作结合起来，讲物质利益，也要讲奉献精神。如果一个民族不倡导自己的成员发扬奉献精神，这个民族就没有希望。注重物质利益与提倡奉献精神本质上是一致的，不能把二者分割开来、对立起来。不讲物质利益，奉献精神就丧失了物质基础，不讲奉献精神，社会的各项经济活动就要陷入混乱状态。社会主义市场经济中起作用的利益均衡机制和利益协调机制，也提出了合理谋利和重视经济秩序、公平竞争、诚实守信的要求。这本身就蕴含着重视道义的因素。因而，让职工把自己谋利的行为纳入"取之有道"的轨道中，讲求见利思义，也是社会主义市场经济自身的要求。因此，思想政治工作倡导奉献精神，鼓励职工发扬国家利益、集体利益和个人利益相结合的社会主义集体精神，不是要职工放弃自己的合理的物质利益，单纯地追求高尚的精神境界和道德的自我完善，而是教育职工正确地把握奉献和获取的关系，实现义利并重、义利统一，发扬敬业和创业精神，从而动员职工积极投身企业的改革与发展中。

2.引导企业构建利益合理的分配格局

在市场经济条件下，任何企业均是独立核算、自负盈亏的经济实体。企业输出产品、提供服务，其宗旨就是获得报酬、取得利润。企业为追求利益而存亡，其职工围绕企业这一宗旨开展生产、经营、服务活动而实现自身的经济利益，解决"养家糊口"的经济来源问题。因此，企业经营的状况与每个职工的切身利益相关。企业经济效益的好坏，决定着其职工工资与奖金的多少、福利待遇的高低。职工自身经济利益的多寡，又必然引起其思想的波动。牢固树立群众观念，构建合理的利益分配格局。加强和改进企业思想工作，核心问题就是保持党组织、党员干部和广大教职工的密切联系，牢固树立群众观念，把代表职工的根本利益作为企业思想政治工作的重要内容，实现好、维护好、发展好广大职工的根本利益，引导构建合理的利益分配格局。企业在关系职工切身利益的改革中，一定要从大局着眼，从企业的长远发展的角度考虑，并从职工的利益出发想办法、定政策，调动企业职工的积极性、主动性和创造性，促进职工素质的提高和企业的长远发展。严格规范企业人、财、物管理制度，加强经济审计和民主监督，增强工作透明度，防止或阻隔不正之风和消极腐败现象的蔓延。在抓好企业党员干部廉洁自律教育的同时，细化党风廉政建设责任制，将责任落实到人。重点抓好人、财、物管理制度的健全和落实，加大对设备购置、基建工程等工作的监督力度，做到着眼防范、关口前移、标本兼治、综合治理。

3.引导正确处理好各种利益关系

要处理好全局利益和局部利益的关系。从根本上讲，全局利益和局部利益是一致的，但在一定时间内和一定条件下，局部利益和全局利益又是有矛盾的。这就要求思想政治工作者在工作中，注意把握好两条：首先，无论在什么情况下都要坚持把全局利益、整体利益、大多数人的利益放在首位，做到局部利益服从全局利益，部分利益服从整体利益。其次，是在维护全局利益和整体利益的前提下，根据实际情况，适当照顾一下局部的、部分人的合法利益。要处理好长远利益和眼前利益的关系。现在有的思想政治工作者贯彻物质利益原则时存在短期行为，在为职工办实事时吃老本；有的急于求成、急功近利。表面上看起来轰轰烈烈，是对职工的关心和安抚，周围职工也满意，但最终却是财尽力竭，该办的事没办成，好事变成了坏事。因此，在解决职工利益过程中，必须统筹安排，既立足当前，又着眼长远，切实处理好眼前利益和长远利益的关系。

（1）引导职工把个人利益的实现融入为集体利益而奋斗中去

关心个人的物质利益是人们的正当要求，通过正当途径获得的个人利益，应当得到肯定和承认。思想政治工作要增强实效性，就必须从个人与生存环境的关系中探寻切入点，在个人利益与整体利益、局部利益与全局利益一致的情况下，通过贯彻物质利益原则来激发人们的需求动因，给个人提供致富的思想动力，并最终为社会的共同富裕奠定必要的思想基础。在肯定个人利益的同时，绝不能忘记个人利益是以不伤害他人、集体和国家的利益为前提的。利益的根本问题是个人利益与集体利益的关系问题，个人利益应当符合党的政策规定和法律要求，服从社会整体利益和企业的集体利益，这是正确理解和对待个人利益的关键所在。改革开放的实践，为人们获得利益创造了良好的条件，但不管什么时候都得把社会利益放在第一位，绝不允许个人利益恶性膨胀。尤其是在改革不断深入的情况下，人们的利益关系还要进行深层次的调整，或多或少，程度不同地要触及人们的既得利益。在这种利益调整面前，如果仅以个人利益来激励和诱导人们，就不可能实现整体利益，同时也终将会失去个人利益。目前思想政治工作理应关注人们的个人利益，引导人们确立起人我兼顾、群己诸重的合理谋利意识，大力宣扬"君子爱财，取之有道"的价值观念，使人们通过诚实正当的劳动来实现自己的利益，自觉抵制不义之财，反对一切损人利己、损公肥私、金钱至上的思想和行为，把为社会多作贡献作为实现个人利益的前提，从而把个人利益的实现融入为集体利益而奋斗中去。

（2）引导人们为现实和长远利益而奋斗

在日常生活中，人们往往最容易注意身边的、眼前的利益，所以，企业思想政治工作一定要贴近现实，从人们身边的"柴米油盐"谈起。不引导人们从眼前的、身边的物质利益谈起，就会使人们感到利益是一个遥远的、空洞的、可望而不可即的东西，人们的进取也会失去稳固强劲的动力。但物质利益离不开渐进的积累，讲现实利益，也要讲长远利益。只讲眼前利益而不思长远，就会使人们产生"近视眼""短视症"，从而在实现利益的过程中，搞急功近利、杀鸡取卵的短期行为。这就要求我们在讲物质利益时，应注意现实利益和长远利益的统一。比如，企业改革本身就是利益的调整，它不仅包含着人与人之间利益关系的变更，同时还要涉及近期和长远利益关系的统一。许多改革措施是直接从整体利益出发的，从长远来说对企业是有利的，但是却可能不会直接为企业带来利益，可能会使一部分职工群众暂时地失去某些利益。在这种情况下，要使企业思想政治工作落到实处，避免流于形式或空谈，也需要真心真意为职工着想，解决他们的实际困难。只有贴近职工群众的思想脉搏，帮助职工群众解决现实的问题，把解决思想问题与实际问题结合起来，思想政治工作才能做到职工群众的心坎上去，才能使职工群众自觉认识到切身利益是与企业改革密切相连的，从而把为自己的眼前利益和企业的长远利益的奋斗结合起来，把本职工作做好，在更高的认识层次上支持企业改革、参与企业改革、促进企业发展。

二、企业思想政治工作的内容创新

创新思想政治工作，内容创新更为重要。所谓内容创新，就是坚持解放思想、实事求是、与时俱进，把握时代脉搏，推动文明进步。企业思想政治工作的内容本来就是一个繁杂的、变动的体系，包括思想教育、政治教育、道德教育、心理教育等内容构成的内容体系，在不同的历史时期有不同的重点和结构。当今时代的发展变化，必然对企业思想政治工作的内容提出新的要求。

（一）企业思想政治工作的内容要体现时代性

时代在发展前进，企业思想政治工作的内容也要紧跟时代发展，体现时代精神、时代思潮，增强思想政治工作的吸引力。当今时代，经济全球化在加速，我国社会主义现代化建设正在向纵深发展、进入攻坚阶段，市场体制不断完善，经济发展方式转变加速，企业思想政治工作的内容要体现这些变化，创新内容，引导人们正确认识社会的历史进程，正确认识当前改革所处的历史阶段，正确认识我国改革实践过程取得的成绩和存在的问题，正确认识当今国际环境和国际政治经济斗争形势，以及对人们思想的影响。通过企业思想政治工作内容创新，引导人们坚定对马克思主义的信仰、坚定对社会主义的信念、坚定对共产党领导的信任、坚定对改革开放和现代化建设的信心；加强社会主义荣辱观教育，倡导爱国、敬业、诚信、友爱等道德规范，着力增强公民、企业和各种组织的社会责任，培育和谐精神，倡导和谐理念，不断完善社会主义道德体系，等等，从而为建成社会主义现代化强国创造良好的人文环境。

1.企业思想政治工作与时代精神有着内在关联

从思想政治工作与时代精神的内在关联角度看，当时代精神得以完善并促进社会发展的时候，思想政治工作没有固守原有状态而不加改变思路和方法的理由。改革开放以来，中国获得前所未有的发展机遇，人们的思维方式发生着重要的变化，特别是突破了固有的两极思维模式，以与时俱进的眼光看待变化的世界，这不仅意味着生产力的发展、综合国力的提高和人们生活水平的改善得到关注，还在于人们对待竞争更多地考虑双赢的发展态势。此外，个人潜能的开发、创造性智慧的应用、自由与全面发展成为人的发展与社会发展相互促进的重要维度。换言之，以往牺牲个人利益以促进社会发展的思维方式被以人为本的思维方式取而代之，"利为民所谋，权为民所用，情为民所系"的和谐视野已成为共识[①]。

当代思想政治工作无疑要以马克思主义哲学的世界观和方法论为指导，必然要顺应"自己时代的精神上的精华"，反映当今时代的科技、经济和社会发展的要求。对企业而言，当代思想政治工作的思路和任务都要具有时代特征，继而在实践中使思想政治工作的效果符合初衷。在这个意义上，应该将当代企业思想政治工作视为生成的概念，使其能够随着时代发展而不断得到丰富和完善。毋庸置疑，作为企业思想政治工作的理念和实践都不是对以往的复制，而应该找到符合时代发展的创新途径并切实提高实践的能力。总之，做好思想政治工作必须体现出时代特征。

---

①张悦.大型民营数字经济企业思想政治工作研究[D].杭州：浙江工商大学，2022.

（1）在思想观念上要体现出时代性

社会发展是一个历史的、动态的、发展变化的过程。反映这种变化的思想观念，也必须是一个相对的、动态的、发展变化的过程。当前，坚持社会主义荣辱观，形成社会主义新风尚，是企业思想政治工作的一项重要任务。因此，企业思想政治工作必须紧紧贴近这一时代性，在继承和发扬优良传统的基础上，围绕经济社会发展和人民群众的利益抓好思想政治工作。

（2）在教育内容上要体现出时代性

时代在发展，社会在前进，思想政治教育的内容也要跟上时代步伐。当前，我国正处于实现第二个百年奋斗目标的关键时期，各种思想文化相互激荡，人们思想活动的独立性、选择性、多变性、差异性明显增强，迫切需要建立与社会主义市场经济体制相适应的正确的社会主导价值观。社会主义荣辱观是引领社会风尚的光辉旗帜，企业思想政治工作必须以社会主义荣辱观为主要内容，贴近群众的意愿和需求，及时反映群众呼声，关心群众疾苦，以看得见、摸得着的实际内容切实帮助群众解决工作生活中的实际问题，使企业思想政治工作真正做到因人制宜、因时制宜、因事制宜、对症下药。

（3）工作方法上要体现出时代性

面对思想政治工作中出现的新情况、新问题、新变化，必须认真研究加强和改进思想政治工作的新办法、新途径，抓住突破口。具体要做到"三个结合"：一是情教结合，以情感人，寓情于教；二是要坚持理教结合，以理服人，寓教于理；三是坚持虚实结合。

2.从国外先进经验、文化中汲取营养

国外虽然没有企业思想政治工作这一说法，但企业思想政治工作融合在所有管理工作中，如西方企业非常重视企业文化建设，重视以人为本、自主管理、民主管理，重视职工是企业管理主体，这些与我们强调的职工主人翁地位是相通的，也是企业思想政治工作的一部分，可以借鉴。西方企业文化强调企业的社会责任，重视开展环境伦理、科技伦理、网络伦理等现代伦理教育，强调企业发展与社会发展的良性互动。这些方面我们比较欠缺，近年出现了许多问题，未来随着环境危机的加剧，科技对生活的影响增大，这些教育必须强化。因此，企业思想政治工作也要注意从国外先进的文化、实践中吸收有用的东西，创新、充实内容。

（二）企业思想政治工作的内容要体现民族性

随着经济全球化趋势的不断加强，全球经济、文化的交流、相互影响不断增强，我们不仅应该用全球化的眼光和开放意识去借鉴人类所创造的一切优秀文明成果，更应该立足本国国情，吸收传统文化的精髓，使我们的企业思想政治工作始终带有民族性，并以本民族的特色为现代化建设提供精神动力和智力支持。中华传统文化历经千年而不衰，这深厚的文化土壤，正是中华民族千年生生不息的源泉。因此，全球化浪潮中，我们不能盲目媚外，要发扬、继承传统文化，实现企业思想政治工作的民族化、本土化，体现中国特色，这样才能符合中国实际，扎根民族文化的土壤，增强企业思想政治工作的生命力和吸引力。

1.企业思想政治工作要从传统文化中汲取营养

中华文化是中华民族生生不息，团结奋进的不竭动力。要全面认识祖国传统文化，取其精华，去其糟粕，使之与当代社会相适应，与现代文明相协调，保证民族性，体现时代性。加强中华优秀传统文化教育，运用现代科技手段开发利用民族文化丰厚资源。结合企业思想政治工作实际，充分开发利用丰厚的中华传统文化资源，对加强企业思想政治工作具有十分重要的现实意义。

（1）优秀传统文化具有现代文化的核心价值

中国传统文化中的"和为贵"的处世哲学，"仁、义、礼、智、信"的做人准则，"和而不同"的文化理念，"天人合一"的自然意识，"协和万邦"的国家观念，都是生态文化、和谐文化的核心价值。这种传统文化中的和谐理念，曾深深影响中华民族的生存和发展，至今仍为人民群众所认同，甚至深刻影响到东亚，形成了一个历久不衰的"中华文化圈"。这是我们今天建设生态文化、和谐文化丰富的厚重的思想资源。只有深刻认识中华优秀传统文化的现代价值，继承和弘扬之，才能在更高的起点上创造出影响职工行为的更高层次的和谐文化与企业文化。

（2）优秀传统文化中的精华也正是企业职工所需要的文化给养

传统文化中有很多名篇，其内容正符合党中央所提出的弘扬传统文化、建设和谐社会的目标。一个人作为社会的一分子，只有先修身，做一个合法的好人，明白"礼义廉耻"，才能做一个好公民、好职工，才能"齐家"；而家庭是社会的一个细胞，只有家庭经营好了，然后才能"治国"，当然也可推及管好一个单位；如此才能社会安定，然后才能"平天下"，就是为社会做一个好榜样。多年的思想政治工作实践证明，上述这些优秀文化，在企业的职工中，特别是青年职工中，正是急需大力倡导和普及的。

（3）优秀传统文化有助于职工树立新的思想意识

企业思想政治工作的重要任务之一，就是积极帮助职工树立符合时代要求的思想意识。我们在运用传统文化教育加强职工思想政治工作时，只要不是墨守成规，不是全盘复古，而是汲取其合理的思想内核，赋予其新的时代内涵，就能使之与当代社会相适应，与现代文明相协调，就能使之在焕发新的生机与活力的基础上引领职工树立新的思想意识，就能使之在加强企业思想政治工作中发挥出重要作用。

企业思想政治工作要增强吸引力，要继承传统文化、体现中国特色，要从自己的传统文化根基中汲取营养，创新企业思想政治工作的内容。中华民族绵延千年，有许多优秀的文化遗产，这些遗产不会被时光所磨灭，即使在现在也闪耀着光芒，我们应该汲取中华传统文化的精华，挖掘各种可利用的资源，如中华传统文化中的爱国思想、诚信思想和廉政思想、艰苦奋斗、自强不息等思想，都是当前企业思想政治工作可以借鉴、吸收的宝贵资源，在继承传统的基础上，企业思想政治工作的开展才有不竭源泉与动力，才有经久不衰的吸引力。

2.企业思想政治工作要从地方特色文化中汲取营养

企业思想政治工作还应该从地方特色文化中汲取营养，一方水土养一方人，中华民族是一个大家庭，各地居民都有自己独特的文化，企业思想政治工作的内容也要因地而异，挖掘、借鉴地方特色文化的精髓，一个地区的文明，是文化资源、文化氛围、文化发展的文明。中华文化源远流长、异彩纷呈，是中华民族智慧和心血的结晶。对于不同地区而言，弘扬中华文化，建设中华民族共有精神家园，既有共性要求，也有个性发展的现实需要。

我国幅员辽阔、民族众多，不同地区、不同民族由于生产方式、生活方式、地域特点、文化背景的不同，形成了各具特色的地方文化。每一个地区、每一个民族的文化都渗透着中华文化的主要精神，又具有自身的鲜明特色。对于不同地区和民族而言，弘扬中华文化，既应准确把握和体现中华文化的主要精神，又应坚持因地制宜，深入挖掘和积极培育具有浓郁地方特色和民族特色的文化形态。各地都有自己独特的文化，如：有的地方崇文尚武、尊师重教、坚忍不拔的精神特别突出；有的地方具有强烈的开拓进取的革命精神，出现了一大批仁人志士；有的地方文化中饱含着重文崇礼、诚实守信等精神。这些在开展企业思想政治工作时就应该考虑、借鉴，汲取精华，发扬光大，都是市场经济条件下要大力提倡的可贵品质，都可以在企业思想政治工作中加以吸收利用。

（三）企业思想政治工作的内容要贴近现实生活

过去我们的企业思想政治工作，强调政治性，忽视了思想性，企业思想政治工作的内容存在高、大、空的现象，宣传的都是与职工群众实际生活和思想很远的政治理论、理想信念、先进人物等等，对人们的影响力、吸引力不够。随着人们越来越多地参与政治生活，接触信息量越多，这些内容越来越引起职工群众的反感，对企业思想政治工作产生抵触情绪，影响企业思想政治工作的效果。因此，企业思想政治工作应该扎根实际生活、贴近现实，把大的、空的政治理论、理想信念，转化成职工群众身边的生产、生活事例；把我国改革开放和社会主义现代化建设的伟大实践，提炼、浓缩为职工群众自身的生活环境改善，通过创新企业思想政治工作的内容，增强其吸引力和可接受性。

1.从改革开放的伟大实践中汲取营养

改革开放在我国取得巨大成功，为我国在世界上赢得了大国地位和前所未有的声誉，但改革开放40多年来，既有许多成功的事例，也有很多失败的经验，有许多理论和实践创新，也走过不少弯路。这些也是企业思想政治工作的重要资源，要认真总结改革开放的伟大实践，从中总结经验、汲取教训。如对市场经济的认识、党的建设、道德建设、政治经济体制改革等方面，有大量经验可以总结，有许多深刻的启示，深入挖掘、领会可以为企业思想政治工作提供丰富养分，让企业思想政治工作更加贴近现实，增强吸引力，更可以提高人民群众对改革开放的认识，坚定改革开放的信念，坚定走社会主义的信心，坚定拥护党的领导。

当前，建立现代企业制度，首先要求企业职工必须树立"现代意识"，在改革开放新时期和社会主义现代化建设新时代，企业思想政治工作内容的创新，关键要着眼于人的现代化。在内容上可把握以下几个方面。

（1）突出信念、道德和思想意识转化教育

思想政治工作要紧密结合干部职工在思想认识和工作中产生的新问题，释疑解惑。深入学习贯彻中国特色社会主义理论，塑造新时期共产党员的形象，以共产党员示范作用，引导企业职工在为企业建设与发展付出奉献并取得相应劳动报酬过程中，树立坚定的理想信念和正确的人生观、价值观，恪守职业道德、社会公德和家庭美德；引导职工从个体意识向团队意识转变、从过于谦虚向更加自信转变、从单打独斗向相互信任合作转变、从勤劳向高效转变、从坐等作风向主动服务等意识转变。

（2）强化爱企、爱岗、立业教育

企业是职工生存和发展的依赖，岗位是进步的基石。教育职工今日工作须尽力，明日开拓少危机，珍爱岗位从我做起，自觉接受新的知识和提高自身技术素质，立足岗位成才；培养企业职工良好的敬业精神，使艰苦奋斗、无私奉献、勤俭办企业的思想深入人心，做到敬业、创业、勤业、精业。

（3）深入开展法制和企业规章教育

在构筑市场经济框架过程中，国家原来法律法规有了较大的修改，许多新的法律法规相继出台，企业规章制度也随之进行修订和完善。要下大功夫，对职工进行普法教育和企业规章制度的普及教育，知法才能守法，引导企业职工自觉依法和按规从事，力倡职工以主人翁的态度，积极、平和的心态和文明有序的行为参与民主管理和民主监督，并善于依法行使权利、义务和维护自己的合法权益。

（4）改进形势教育

对改革和发展中亟待进行理论引导或说明的突出问题作出科学的有说服力的解释，正确引导职工从国际大环境、改革开放大格局、社会发展大趋势的角度来看待问题和分析问题，正视改革发展中出现的各种矛盾；提高职工对社会发展、市场竞争的适应能力和对各项改革的心理承受能力，不被局部的、暂时的困难所吓倒，不被一些社会的阴暗面所迷惑；自觉抵制各种错误思潮和腐朽思想的影响，在政治上保持高度的警惕性和清醒的头脑，不被一些反科学、迷信、落后的思潮所左右。

2.从日常生产生活实践中汲取营养

群众是历史的创造者，最有创造精神的往往是广大老百姓。从改革开放的实践到目前的社会主义现代化建设，群众的创造是无穷的、最具活力的，是改革开放成功的基本保障。企业思想政治工作，也要注意从群众的日常生产生活实践中去发现鲜活的事例、典型，去总结群众的实践，去挖掘深层意义、启示，进行内容创新。现在网络等信息传播渠道非常多，每天都为企业思想政治工作提供大量的素材。企业思想政治工作者要做一个有心人，时刻留意，认真挖掘，创新内容，使企业思想政治工作贴近生产生活，企业思想政治工作者成为群众贴心人、指路人，为建设社会主义现代化国家提供有力保证。

3.帮助职工释疑解惑、澄清是非

随着社会主义现代化建设的发展，我国经济社会生活出现了许多新情况新问题，迫切需要我们从理论与现实的结合上给予科学的、实事求是的、有说服力的回答，帮助人们正确认识改革发展中的问题，明确前进的方向。是非清楚了，疑惑消除了，思想通畅了，就能充分发挥人们干事创业的积极性。

（四）企业思想政治工作要注重与其他学科的融合

思想政治工作是做人的工作，是一项社会活动，以此作为研究对象的思想政治工作，必然与许多学科有关。在企业思想政治工作中研究和认识思想政治工作与自然科学的关系，以及社会科学内部与其他学科之间的关系，对促进企业思想政治工作具有重要意义。

1.企业思想政治工作要重视心理学知识的运用

做好新形势下的企业思想政治工作，需要运用心理学知识研究人们心理活动的规律和特点，它有以下两个方面的优势：

（1）运用心理学知识，可以增强企业思想政治工作的科学性

思想政治工作是依据人们的思想活动规律进行的，而人们的思想活动规律受制于心理活动规律。因此，企业思想政治工作应重视人的心理活动规律，重视人的心理素质对思想政治品德的影响，这样才能使人们产生心理共鸣，取得理想的效果。心理学是研究人们心理活动及其规律的科学，它侧重于从心理活动的一般规律和生理机制方面来研究人。在长期的思想政治工作实践中，形成了一整套科学的、行之有效的原则和

方法，如理论与实际相结合原则、表扬与批评相结合原则、思想教育与解决实际问题相结合原则，以及因人施教法、寓教于乐法、典型示范法等。这些原则和方法之所以管用，主要是它们符合思想政治工作规律，符合人们心理活动规律。今天，我们在继承和发扬优良传统的同时，运用心理学知识进一步开拓和创新企业思想政治工作，对于增强企业思想政治工作的科学性大有益处。

（2）运用心理学知识，可以增强企业思想政治工作的预见性、针对性和实效性

要把思想政治工作做到职工的心坎上，就要了解和掌握职工的心理。人的行为和情感是受人的心理支配和调节的。运用心理学知识对工作对象的心理状态和心理特点进行研究，有助于我们及时抓住教育对象的思想苗头，把握其思想动态，增强工作的针对性，实施正确的引导，把工作做到前头；运用心理引导、心理相容、心理共振以及心理威慑、心理趋同等一系列原则和方法，有助于提高企业思想政治工作的实效性。

针对当前人们的心理状态、思想状况以及思想政治工作中存在的实际问题，应着重掌握和运用好以下几种心理学方法：

首先，掌握个体差异理论，使工作更有针对性。当前企业思想政治工作存在的一个突出问题是针对性不强，"一刀切""一锅煮"的现象比较普遍。根据心理学的个体差异理论，只有了解每个人的个性心理特征，才能因人施教，采取不同工作方式，一把钥匙开一把锁。

其次，研究特殊心理活动，努力消除逆反心理。企业思想政治工作方法不当，容易使人产生逆反心理。说过头话、强加于人、枯燥呆板，会使人生厌；对好奇心不善引导，堵而不疏，往往禁而不止。只有坚持实事求是，讲真话、讲真道理，提高工作水平，讲究方式方法，才能增强感召力、影响力。

最后，养成良好的心理素质，增强自身人格魅力。企业思想政治工作者除了要有很好的工作能力、工作水平，还要靠自身的人格力量感召

人，使被教育者心悦诚服。在新形势下，随着人民民主意识的不断增强，企业思想政治工作中非权威因素的影响日趋增大，越来越需要靠教育者自身的良好心理素质和人格魅力去影响人。企业思想政治工作者应增强人格力量，注意克服自身素质方面的不足，包括性格、情绪等方面的缺陷，努力使自己保持良好的情绪状态和积极的心境；加强知识学习和实践锻炼，加强自我修养，树立正确的世界观、人生观、价值观，养成良好的道德品质，做到襟怀坦荡、诚实正直，作风民主、公道正派，严于律己、宽以待人、表里如一、言行一致，从而通过自身的良好形象去感召人、激励人。

2.企业思想政治工作要重视与管理科学的关系

思想政治工作与管理工作既有差异又可以相互结合。在知识经济与民主法治建设的时代背景下，两者互相渗透、互为补充。管理科学的理论和实践的发展可以为思想政治工作的开展提供新的思路和方法。随着知识经济时代的到来和民主法制逐步完善，思想政治工作的内涵与外延在不断延伸和拓展，除了传统思想政治工作的政治宣传与导向功能外，现代思想政治工作在经济、管理等领域也发挥着越发明显和重要的作用。同时管理科学的不断发展也使其思路和方法引入思想政治工作中去，为传统思想政治工作现代化打开了新视角。

（1）从人力资源管理的原则和方法看思想政治工作

人力资源管理是思想政治工作的重要载体。科学的人力资源管理与细致的思想政治教育相结合，是现代社会思想政治教育的客观要求，也是提高思想政治教育有效性的保障。人力资源管理遵循以下人性化管理原则：

第一，满足职工需求的原则。人力资源管理要解决的主要问题，就是了解职工的内在需求，以及如何通过制度供给或其他形式来满足职工的合理需求。而解决个人内在需要正是思想政治教育的目标所在，也就是人力资源管理的需求满足原则，直接反映了思想政治教育原则的精神实质。

第二，关心原则。关心造就业绩，这是人力资源管理的重要理念。组织或企业是职工最直接依赖的集体。人力资源管理对人的关心原则，契合了思想政治教育与解决实际问题相结合的工作理念。

第三，尊重原则。职工在企业中工作，不只是为了得到比较好的报酬，以改善自己和家庭的生存条件，而且也希望自己的能力和才智得到承认、自己的建议得到重视、自己的应有权利得到尊重。人力资源管理的这种尊重原则，符合思想政治教育以人为本、尊重人的个性和首创精神的指导思想。

第四，信任原则。信任是激发职工活力的重要因素。职工向心力的培养、创造性的发挥与组织内部的诚信度（企业对职工的诚信及职工之间的彼此信任）密切相关。管理者以诚恳的态度把工作的意图、计划、目标展示给职工，职工则会主动而勤勉地工作。思想政治教育在新的历史时期，伴随着人们平等意识、自主意识、民主意识的普遍增强，要求改变居高临下的命令式的教育方法，倡导思想政治教育融进民主管理之中，在交流、商讨、评价中进行价值渗透和导向。人力资源管理的信任原则符合当代思想政治教育与民主管理相结合的发展趋势。在思想政治工作中积极借鉴人力资源管理的基本原则和方法，使思想政治教育明确化、具体化，具有可操作性，评价标准明确以及检查监督具有一贯性，有利于开展思想政治工作。

（2）从管理人员所遵守的法则看思想政治工作者

管理工作和思想政治工作同样是具有难度的工作，同样要求工作者具有相当的素质和能力。如何出色地完成工作，在管理科学中有一些管理法则，同样对思想政治工作有一定的借鉴作用。

第一，认清自我的管理法则。认清自我、管理好自己，是管理者首要之务，也是管理工作的基础。自我管理应该先从认识自我开始，包括自我情绪的管理、工作效率的确立，以及个人处事风格的建立和适当并有效地传达自己的意见等。在思想政治工作中，认清自我，在对他人进行教育时，如果你的论点连自己都说服不了，那又如何说服他人。控制自己的情绪也是思想政治工作者自身的素质所在，同时建立自己思想政治工作的风格和方法，善于表达自己的思想，也会提高你在思想教育工作中的个人影响力。

第二，向上管理和向下管理法则。作为管理者对上和对下的工作是管理工作的重要部分也是工作能力的有力体现，其中的一些观点对思想政治工作者也是可以借鉴的。如有关管理的内容是多方面的。一般而言，在语言沟通上要切记多说"我们"而不是"我"，千万不要让对方感觉你过于自我，而无法接纳他人的意见，而以"我们"作为开头的语汇，比较能让对方感受到你愿意同舟共济的诚意。重要的是，要让对方（主管）感受到你是可以同心协力的工作伙伴，而不是动不动就挑错或有威胁的同事。当然也不能一味地奉承上层，善意地沟通与勇敢地提出见解，才能建构与上司的良性互动。在向下管理的法则中，管理者要懂得去倾听下属的心声，并且乐于鼓舞伙伴的士气，进而成功地塑造工作的向心力。作为思想政治工作者同样要善于处理对上和对下的关系，这也是思想政治工作顺利进行的前提。

第三，协调管理法则。作为管理者，必须面对与各部门主管的协调与抗衡，这个时候为了任务的执行与利益的分配，难免会产生所谓的争论，不过千万不要害怕与主管意见相反，不同的意见以及良性的争辩，本来就是不可避免的，而且多半这种争执也会随着会议的结束而落幕。对于管理者而言，平衡的艺术非常重要。同样，思想政治工作者的协调能力也是其工作能力的重要表现，思想政治工作者的任务就在于解决思想矛盾，调解思想冲突，避免过于情绪激化，既要表现应有的韧性，又要有一定的灵活性。

除上面列举的以外，思想政治工作与政治学、教育学、社会学、伦理学、美学、宣传学等都有着十分密切的联系。另外，把系统论、信息论、控制论、应用数学、电子计算机等科学原理和工具用到思想政治工作研究中来，也是提高企业思想政治工作水平的重要方面。总之，企业的思想政治工作与众多学科有着密切的联系，而且企业思想政治工作本身也应该与时俱进，吸收其他学科有用的方法和观念，以保持先进性和时代性。

三、企业思想政治工作的方式创新

企业思想政治工作要顺应时代发展的潮流，在继承思想政治工作的优良传统的基础上，不断创造新方式、新方法，以达到凝聚人心、发展企业的目的。

（一）企业思想政治工作方法方式创新的准则

1.坚持正确的导向性

导向性是思想政治工作重要的功能，是我们做好企业思想政治工作的基本前提。思想政治工作就是要把人们的思想引导到正确的方向上来，因此必须坚持以马克思列宁主义、毛泽东思想、邓小平理论、"三个代表"重要思想、科学发展观和习近平新时代中国特色社会主义思想为指导，坚持党的基本路线和基本方针。要引导职工树立正确的世界观、人生观、价值观，坚定理想信念，引导职工正确思考问题、分辨是非，在社会主义现代化建设大潮中，保持清醒头脑，不受各种腐朽和不良文化的侵蚀。这种导向性就是要围绕建立中国特色社会主义和培育"有理想、有道德、有文化、有纪律"的新型公民这个思想政治工作的根本目标，发挥政治导向、思想导向、道德导向的作用。即：发挥政治导向作用，通过大力开展爱国主义、集体主义和社会主义思想教育，引导人们为实现中华民族伟大复兴中国梦而奋斗；发挥思想导向作用，通过多种形式的思想教育活动，帮助人们树立正确的世界观、人生观和价值观；要发挥道德导向作用，在社会道德、家庭道德和职业道德教育三个方面开展工作，在全社会形成符合社会主义精神文明要求的新型道德观，为保证各项工作适应社会主义现代化建设的需要奠定良好的思想基础。

2.加强思想政治工作的针对性

所谓针对性，就是要有的放矢、摸准脉搏、对症下药，一把钥匙开一把锁。具体到思想政治工作，就是指思想政治工作主体及时有效地针对工作客体存在的带倾向性的问题和现象，根据思想政治工作的规律和特点，科学而准确地采取可操作性措施，去化解矛盾、增强凝聚力和向心力、调动和激发积极性和创造性。思想政治工作的新方法、新方式要有很强的针对性，要在对当前干部职工思想动态的特点、种类、受到影响的来源等情况进行认真研究分析的基础上，分别采取相应的方式、方法；要注意层次，有的放矢，针对不同年龄、不同学历、不同专业、不同工作、不同身份的人群，制定不同的内容和要求，采取不同的方法，不搞"一刀切"。思想政治工作的对象是人，是人们的意识。而人们的意识又受客观事物的影响而发生变化，某一时期形势的发展变化，或某一事物的发展变化等，都会导致人们的意识发生变化。而在一般发展变化中，由于人们的年龄大小、文化程度高低、智力强弱、职位高低等等又有很大的差异，所以认识和接受新事物的能力就会有差异，思想意识的变化也就有很大的不同，这就要求思想政治工作要做到实事求是、恰到好处。

增强思想政治工作的针对性，就是如何正确处理共性与个性的关系问题。马克思主义哲学关于矛盾的特殊性原理告诉我们，任何事物都有特殊的本质和特殊的发展规律，这就是矛盾的特殊性，也就是矛盾的特点。认识这种特点、特殊性，是人们科学地认识事物和改造事物的基础，如果不了解各种具体事物含有何种特殊的矛盾，就无法区别事物，就不能找到解决特殊矛盾的方法。这就要求在思想政治工作中，既要抓住共性，又要把握个性，也就是坚持实事求是，做到具体情况具体分析、具体对待。只有这样，才能把握脉搏，使思想政治工作越做越活、越有实效。

只有增强思想政治工作的针对性，才能对症下药，才能真正解开人们思想上的疙瘩，才能真正化解矛盾，解决思想政治方面的实际问题；只有增强思想政治工作的针对性，才能防微杜渐，才能真正体现思想政治教育的前瞻性和预防性，才能把问题解决在萌芽状态，把事故消灭在初始环节，不致酿成大错，避免造成更大的危害和损失；只有增强思想政治工作的针对性，才能收到实效性。思想政治工作不是"万金油"，不是抽象空洞的说教，也不是包医百病的灵丹妙药，其主要作用是：坚持贯彻党的路线方针政策，努力以科学的理论武装人，以正确的舆论引导人，以高尚的精神塑造人，以优秀的作品鼓舞人，为改革开放和社会主义现代化建设提供有力的思想舆论保证；只有增强思想政治工作的针对性，才能避免"头痛医头，脚痛医脚"式的无计划、无全局观念的经验型思想政治工作模式和套路，避免事务主义倾向，从而使思想政治工作从经验走向科学。思想政治工作一定要针对新的历史条件下广大群众的思想态势去开展工作。思想政治工作只有把握新的历史时期群众思想上的新特点、新规律，才能避免方向不明、思路不清的被动局面，才能以科学的理论为指导，有针对性地做好工作。

3.提高企业思想政治工作的实效性

思想政治工作的实效性就是指思想政治工作在一定的历史条件下，在思想政治工作的实践中产生效力和效用的特性，即思想政治工作产生的积极作用。思想政治工作必须增强实效性是时代发展的要求。21世纪，我国改革开放不断深入、科学技术飞速发展、竞争与挑战日趋激烈以及意识形态的复杂多样化、劳动人事制度和机构改革进一步深化，这些都对思想政治工作的实效性提出了越来越高的要求。党中央《关于加强和改进思想政治工作的若干意见》，进一步明确了在新的历史条件下加强思想政治工作的方向、重点和目标。企业思想政治工作如何适应改革、发展的新形势，提高其针对性和有效性，增强企业的实效性，是当前需要认真对待和深入研究探讨的重要问题。

思想政治工作必须增强实效性是企业发展的要求。当前，我国正处于实现第二个百年奋斗目标的攻坚阶段，社会生活发生了复杂而深刻的变化，这给企业思想政治工作带来了大量的新情况、新问题。职工在欣喜于物质不断丰富、生活水平不断提高的同时，也感受到了百年未有之大变局当中所受到的一些负面影响，这对企业思想政治工作的实效性提出了更高的要求。

思想政治工作必须增强实效性是人的思想发展的要求。现代社会的思想多元化、信息高速化、生活多样化、人权平等化，给人们的思想尤其是年轻一代的思想带来前所未有的改变。面对急剧变化，过去行之有效的阶级教育、忆苦思甜教育等从内容和形式上都已经不再有效，单向灌输教育的方式难以收到好的效果，思想政治工作必须与时俱进，不断创新，增强实效性，才能适应人的发展的要求。

4.体现企业思想政治工作的凝聚性和感召力

组织目标的实施，除了靠制度、靠命令等刚性条件之外，还必须有内在的凝聚力、亲和力。一个单位内部除了有正式组织行为以外，还有非组织行为。在管理中，如果只注重正式组织行为，而忽视非正式组织的存在，就会使两者发生矛盾和冲突，从而影响工作目标的完成。这也就是为什么一些领导者虽然对干部群众的管理在道理上没有错，但收不到效果或执行起来不顺利的根本原因。因此，我们必须处理好"无情管理"和"有情沟通"的关系，通过耐心细致的思想政治工作，把组织的意志、奋斗目标与个人的意志、奋斗目标有机地统一起来，把非正式组织行为与正式组织行为统一起来，才能使上级和下级的关系密切融洽起来，才能在单位内部形成强大的凝聚力和亲和力，使大家心往一处想、劲往一处使，朝着一个共同的目标而努力奋斗。

企业思想政治工作要保证工作目标的实现，绝不能空对空，而必须把它渗透到工作的方方面面和全过程，使之与工作同时、同步、同位。当工作目标提出后，思想政治工作者要去宣传，要研究达到目标的方法步骤，鼓励人们用实际行动实现目标。工作中遇到困难，思想政治工作者要动员广大职工想办法克服困难、共渡难关。思想政治工作者积极参与行政管理，主动帮助行政领导依靠职工群众进行管理，把规章制度的约束变为他们的自觉行动。当职工群众对改革过程中出现的问题不理解的时候，思想政治工作者要及时去做解释疏导工作，化解矛盾，理顺情绪，保证改革顺利进行。总之，在工作的每一个方面和环节，思想政治工作都可以而且应该发挥作用。

企业思想政治工作要在工作中发挥强大的推动力，一个重要的方面，就是企业思想政治工作要有感召力，这种感召力一方面体现在对各种先进典型的宣传推广上，以充分发挥榜样对人们思想行为的示范作用和激励作用。但更重要的是，从事企业思想政治工作的同志一定要以身作则，自觉地加强自身的思想品德修养，时时按照党和人民的要求严格要求自己，处处体现和实践全心全意为人民服务的宗旨，把党和人民的利益视为自己的最高利益，用自己高尚的人格力量去凝聚职工群众，去影响职工群众，去鼓舞职工群众。如果我们做企业思想政治工作的同志唯利是图，嘴上说的是一套，实际上做的却是另外一套，即使你说得再好，工作做得再多，也不会取得成效。

（二）企业思想政治工作方式方法创新的途径

1.加强领导，健全机制

首先，要从制度上明确企业党的领导干部做思想政治工作的责任。其次，要从政策上调动思想政治工作者的工作积极性，消除一部分思想政治工作者滋生的"做思想政治工作吃力不讨好，容易得罪人""个人得不到好处，是个清水衙门"等错误思想。最后，要增强"生命线"意识，把思想政治工作作为经济工作和其他一切工作的生命线，进一步建立和完善以各级党委为核心的宣传思想工作和精神文明建设管理体系，逐步形成在党的领导下，党、政、工、团、妇等组织齐心协力，专职兼职干部相结合，意识形态领域各条战线相配合的格局。建立完善了党委统一领导、党政工团分工协作、各级干部"一岗双责"的"一体化"管理机制，形成了主要领导负责、党政工团齐抓共管，以点带面、上下联动，整体推进、全面发展的工作格局。建立健全党的各项制度，为搞好思想政治工作奠定了坚实的基础。实施了目标管理和奖惩考核机制，把思想政治工作作为党建和精神文明建设工作的一项重要内容进行定质定量考核，形成了全方位覆盖的规范化、科学化管理机制，全过程控制的内部监督制约机制以及全员参与、长效推动的激励机制。要充分重视群众的"牢骚意见"，坚持把解决思想问题同解决职工群众工作和生活中的实际问题结合起来，从职工群众迫切需要解决的问题入手，诚心诚意为职工群众排忧解难。此外，企业思想政治工作者还要做到与职工群众同甘共苦，说实话、动真情、干实事，让职工群众感到思想政治工作者可亲，思想政治工作可信，思想政治工作机关可靠。

2.创新载体，增强思想政治工作的吸引力

思想政治工作载体是指在思想政治工作过程中承载、传导思想政治教育因素，能为思想政治工作主体所运用且主客体可以借此相互作用的一种物质存在形式。思想政治工作载体可以划分为传统载体和新型载体。继承和改进传统载体，寻找和运用新型载体，是创新思想政治工作载体的两个方面。具体来讲，提升和优化新闻媒体等传统载体，开发和利用网络、环境等新型载体，培育思想政治教育于新闻媒体、网络与环境等之中，应当是目前思想政治工作载体创新的主要内涵。

（1）提升和优化新闻载体

以正确的舆论引导人，是新闻工作的重要任务，也是思想政治工作的重要方面。长期以来，新闻媒体作为思想政治工作的传统载体，为开展党的思想政治工作发挥了重要作用。在新世纪新阶段，提升和优化这一传统载体关键要提高新闻宣传的针对性和实效性，遵循新闻工作规律，进一步增强新闻宣传的吸引力、感染力和说服力，达到正确的导向与高超的宣传艺术相结合，实现政治性、思想性、政策性、实践性与艺术性的有机统一，企业思想政治工作要重视运用新闻媒体弘扬主旋律。

（2）高度重视网络载体的开发与利用

网络在人们的生活、学习、工作中发挥着越来越重要的作用，企业思想政治工作者要高度重视发挥网络在思想政治工作中的作用，把它作为思想政治工作的新阵地、新渠道、新形式和新载体，寓教育于网络之中。网络对思想政治工作是一把双刃剑，一方面它使宣传地域全球化、宣传形式综合化、宣传功能多样化、宣传效果经济化。可以说互联网推动了思想政治教育的创新，也为思想政治教育的创新提供了条件，特别是信息网络技术的发展和运用，为思想政治教育带来了新机遇。互联网给思想政治教育工作在手段、方式、条件、效果乃至教育的主客体、教育的价值观等方面带来全方位的变化和全新的拓展。另一方面，它使国际意识形态的渗透日益加剧，国内舆论导向的控制难度加大，文化市场的制约和治理更趋复杂，宣传对象的主体和客体更加分散。企业思想政治工作不仅要高度重视网络载体的开发与利用，而且要注意趋利避害。面对日益发展的网络载体，企业思想政治工作者应充分利用和开发这个新型载体的教育价值。重视和充分利用信息网络技术，研究其特点，采取有利而有效的措施和对策，占领这个阵地，趋利避害，使思想政治工作提高实效性；扩大覆盖面，增强影响力。要正确认识和充分利用互联网；要以科学的理论、正确的舆论、高尚的精神、优秀的作品构筑网上思想政治工作阵地，把网络纳入先进文化的轨道，打好对西方文化糟粕和意识形态渗透的主动"出击战"；坚持教育与管理相结合的原则，把网络活动纳入德治与法治相结合的轨道，打好对西方文化糟粕和意识形态渗透的"阻击战"；培养和建立一支高素质的网络思想工作者队伍，尽快提高政工人员掌握网络信息技术的水平，以适应增强网上思想政治工作的需要；加强党对网上思想政治工作的领导，企业各级领导干部要密切关注和研究信息网络发展的新动向，抓紧学习网络知识。具体来讲，要从以下几个方面入手。

　　首先，重视网络载体。互联网已经成为思想政治工作的一个新的重要阵地。国内外的敌对势力正竭力利用它同我们党和政府争夺群众。我们要研究其特点并采取有力措施应对这种挑战。要主动出击，增强我们在网上的正面宣传和影响力。企业各级领导干部要密切关注和研究信息网络发展的新动向，抓紧学习网络知识，善于利用网络开展工作，努力掌握网上斗争的主动权。要重视和充分运用信息网络技术，使思想政治工作提高时效性、扩大覆盖面、增强影响力。要高度重视网络载体的思想政治教育价值，增强网络宣传意识，承认它、接受它、掌握它并运用它，努力探索网络思想政治工作的规律。要认识到网络思想政治工作主体的非主体化特征，在网络领域教育主体与客体不具有上下级的关系。要认识到网络思想政治工作内容的立体性、动态性、可观性与可选择性，把教育信息隐喻到历史文化知识和现代科技信息之中。

　　其次，建立网络阵地。企业思想政治教育网站应成为宣传马克思主义的新课堂，实现传统思想政治教育内容的数字化、网络化。要开设宣传党的基本理论、基本路线、基本方针的网站，采用生动活泼的形式，精心设计内容，对职工进行正面灌输和教育。企业思想政治教育网站还是思想政治教育的新天地。企业的每个单位和部门可以建立以自己的成员为主要服务对象的网站，开展网上答疑、征文、组织生活等思想政治教育活动。要开发思想性、知识性、趣味性较强的教育软件，在潜移默化中影响职工。要发挥网络宣传媒体的作用，做好典型宣传、舆论引导。要把展览馆、博物馆、图书馆、文化馆、旅游景点搬上网站，通过网上新闻、网上论坛、电子公告向职工传播健康信息。对于西方敌对势力在网上造谣滋事、挑拨离间、肆意夸大、小题大做、颠倒黑白、编造无中生有的政治谎言和假新闻，要组织力量揭露批判，加强网上正面宣传和舆论引导，让正确的宣传占领网络阵地，缩小这些内容对职工的消极影响。另外，可针对个别职工的思想问题，运用电子信箱为其提供单独指导，实施个别教育。

再次，组织网络队伍。网络阵地的竞争实质上是网络人才的竞争。开展企业网络思想政治工作，必须有一支既有思想政治工作经验又有网络技能，既有较高的政治素质又有一定科技知识的复合型人才队伍。在企业网络队伍建设中，广大政工干部是网络思想政治工作队伍的主体，必须尽快提高政工人员的网络技能，普及网络知识，提供必要设备，为建立一支优良的网络政工队伍做好各种准备。

最后，增强职工抵制网上垃圾的免疫力。互联网的开通会带来一些网上垃圾，但是封闭不是解决问题的办法，只有加强教育增加人们的免疫力才是根本出路。对此，广大企业思想政治工作者必须保持高度警惕，要利用网络，攻守结合，澄清是非，以正视听，及时耐心地引导职工站稳立场、坚定信念，提高自己的政治敏锐性和政治鉴别力。

（3）充分利用环境载体的教育价值

在新世纪新阶段，环境载体的教育价值应引起高度重视，要努力实现人育环境与环境育人的对接。环境载体的教育价值十分丰富，应该充分开发和运用环境载体进行思想政治工作。

第一，既要注意硬环境的美化，也要注意软环境的优化。从一定意义上讲，环境教育法就是通过环境的优化和美化来达到思想教育的目的，而对人们产生巨大影响的环境既包括看得见的硬环境，也包括看不见的软环境，因此，企业思想政治工作者应组织和团结各方面的力量，在实践中努力改造环境，创造良好的育人环境。软环境与硬环境相互配合、相互补充，共同发挥着陶冶人们心灵的功能。要改善企业自然环境，搞好绿化美化，使职工群众受到美的熏陶；要营造文化环境，充分利用橱窗、板报、广播等宣传工具，使人们受到文化熏陶；要利用网络环境，丰富网络内容，加强网络管理，使人们通过网络长见识明道理；要建设人际环境，营造团结和谐的人际环境，使人们在良好的人际环境中陶冶性情、培养情操。因此，企业思想政治工作者不仅要在硬环境的建设上匠心独运、敢于投资，而且还要善于在软环境的建设上精心设计、悉心培养，营造一个优化的、高尚的文化氛围，创造出高雅、文明的企业文化、社区文化。

第二，既要注意小环境的优化，更要注意大环境的美化。企业思想政治教育是一个系统工程，小环境是大环境的一部分，它们两个既相对独立，又相互联系。小环境好可以促进大环境的改善，小环境不好会促使大环境的恶化。同时，大环境的好坏对小环境也会造成直接的影响。企业思想政治工作者首先要立足自身，从自己做起，努力营造一个良好的小环境。运用环境教育法，第一步就是努力改变本单位、本部门的工作环境、学习环境、生活环境，美化硬环境，优化软环境，为职工群众创造一个赏心悦目、心情愉快的生存环境。运用环境教育法的第二步，就是要把眼睛往外看，看到自己本单位小环境以外的大环境，做到尽可能地利用大环境的正面因素来影响教育本单位的群众，尽可能地抵制大环境的负面因素，减少其对本单位职工群众的不良影响。社会大环境是很复杂的，当前社会大环境中有许多好的现象、正面的因素，也存在许多丑恶的现象、负面的因素，而这些不良现象的彻底清除尚需时日。因此，企业思想政治工作者的务实方针是利用其有利因素，防止其不利因素。

第三，以阵地建设为支点，营造良好环境氛围。抓好以广播、电视、报纸、网络以及黑板报、宣传栏、阅报栏、公益广告牌、公共场所大屏幕等为主体的舆论阵地，以职工之家等为主体的培养阵地，以图书室、体育场地为主体的文化娱乐阵地。通过阵地建设，营造浓厚的企业思想政治工作氛围，充分发挥环境的教育价值。

3.创新思想政治工作的方式方法

（1）思想政治工作要由"封闭式"向"开放式"转化

在开展思想政治工作时要改变过去那种单纯地依靠专职部门和专职人员的情况，要实行党、政、工、团齐抓共管、互相配合、通力合作，调动广大职工参与的开放模式，这样才能收到更好的效果。

随着当前市场经济和税收工作的不断发展，企业职工的思维方式发生了巨大变化，思想政治工作已经不单单是政工部门和政工干部的事，而是各部门、各级领导的事，是大家的事。把依靠少数政工干部做思想政治工作转变到依靠大多数人做思想政治工作上来，变"独唱"为"大合唱"，依靠党、政、群的整合力量和智慧，充分发挥各自的长处，克服思想政治工作冷冷清清的局面，形成上下、纵横的工作网络，实现由"封闭式"向"开放式"转化。这样做有利于体察民情、了解民意，最大限度地减少各种内耗和摩擦，有助于构建良好的上下级关系，化解潜在的矛盾，使企业思想政治工作取得事半功倍的效果。当企业思想政治工作由单向性向多向性拓展，将形成各部门的多向合力，思想教育的多向方法，信息传递的多向手段。当前要特别加强对网络的运用，加快建立企业思想政治工作调研网络和信息网络建设，充分发挥内部网络的作用，有针对性地开展网上宣传，把网络办成联系职工群众，特别是青年职工的渠道，使网络成为开展思想政治工作的有效载体。

（2）由偏重灌输向注重渗透拓展

在强调灌输的同时，还要注重思想渗透，把企业思想政治工作渗透到纷繁复杂的经济活动中，渗透到企业生产和职工生活的各个领域中，渗透到企业的改革和发展中。做思想政治工作时，不知不觉使对方接受和感悟是最理想的，这就需要做思想工作的人动脑筋、想办法，寓教于乐，采用大家喜闻乐见的方式，并且对不同人群采用不同方法。如开展各种竞赛活动培养集体主义精神；对企业历史、现状、地位进行比较等，培养职工对企业的自豪感和凝聚力，通过对各种企业发展案例了解，培养职工的社会责任感；通过开展文艺、参观等方面的活动，培养职工的爱国、爱企精神；也可组织各种业余活动，如集邮、影评、读书及当前社会热点问题的讨论等。空洞无物、枯燥乏味的说教，已经不适应当前思想政治工作的需要，职工群众都希望企业思想政治工作者能够令人信服地回答他们所关心的实际问题，尤其是热点、难点问题。所以，企业思想政治工作者要转变观念、破除教育者和被教育者之间的界限，以真诚坦率的心态，满腔热忱地与干部职工交知心朋友，平等地与他们进行沟通、交流，通过感情的催化作用，逐步变为他们的自觉行动。人们不乐于接受灌输式的训导，喜欢以民主、平等的姿态与教育者一起共同探讨、交流。为此，思想政治工作者要善于和他们进行交流，要动之以情、晓之以理，并以自身的行动引导他们。另外，要求思想政治工作者要学会在解决矛盾中体现思想政治工作的作用，正确处理虚与实的矛盾，做到虚功实做。

（3）把对思想的关心和物质利益的关怀结合起来，切实帮助职工群众解决各种实际困难

要结合企业的特点，加大思想政治工作的针对性，进一步突出思想政治工作的重点、难点和热点，要抓住情、理、法几个关键点，以理服人，以情感人，多做理顺思想情绪的工作；努力把深入细致的思想政治工作同调动职工的工作积极性，同解决职工的实际困难结合起来，同保持企业的发展稳定结合起来，把职工的智慧和力量凝聚到加快企业发展上来。思想政治工作要由空洞抽象的政治说教形式转变为关心职工生活、解决职工实际困难与提高职工政治思想觉悟相结合的新形式。思想政治工作者要了解职工的思想，了解职工的需要，帮助职工解决实际困难，才能得到职工的支持、拥护，思想政治工作才能收到实效。企业思想政治工作要针对具体工作过程中出现的思想问题，有的放矢地开展才能收到实效。

应该贴近生活，关心职工疾苦，比如职工家中有婚、丧、病、困、矛盾等大事时，单位领导要前往家访看望，给予力所能及的帮助，使思想政治工作暖人心。

企业思想政治工作者要端正对职工的态度问题。关爱职工就是把尊重职工、理解职工、关心职工作为企业思想政治工作的一个基本指导原则，这是党的群众路线、群众观点在思想政治工作中的体现，也是党的

思想政治工作优良传统的继承和发扬，对解决好当前企业改革和发展中出现的一些问题，建立良好的党群、干群关系，都有一定的现实意义。尊重，就是在民主、平等的基础上形成的人与人之间的一种基本情感和态度。尊重职工要尊重职工的主人翁地位，真心实意地把职工当作企业的主人、企业大家庭的一员；尊重和维护职工的各种民主权利；尊重每个职工的人格、生活习惯、性格爱好及各种合理要求。这就要求我们在思想政治工作中坚持一切为了职工、一切相信职工、一切依靠职工的观点，平等待人，注意工作方法，避免伤害他们的情感和自尊。要坚决摒弃以教育者自居，"我打你通，我说你听"的做法。理解，就是人与人之间的心灵沟通，是一种倾注着浓厚感情的信任和至爱。而理解职工，就是要理解每个职工独特的个性，理解他们的喜怒哀乐和苦衷，承认他们不同的爱好和兴趣。要做到理解职工，就要胸怀坦荡，具有敢于向工作对象敞开心扉的勇气，以心换心，用自己真诚的态度和炽热的爱心，消除对方的各种心理戒备，并通过多种形式，创造条件，与职工交流感情、沟通思想。

（4）思想政治工作者也要积极引导人们进行自我教育

当前，人们的主体意识普遍提高了，希望多一些自我教育的机会，自己主宰自己，自己管理自己，自己升华自己。因此，作为思想政治工作者必须改变过去的单向教育模式，积极调动职工的参与积极性，形成互动关系，共同把思想政治工作做得有声有色。在新形势下，企业职工的民主法治意识不断增强，参与企业管理的能力不断提高。企业思想政治工作应正确认识和充分利用这一特点，实现职工从被动接受教育向自我教育、自我管理、自我约束、自我提高的自主型转变。应该坚持厂务、党务公开，坚持在制度制定过程中尊重并扩大职工的知情权和参与权，增强了职工的主人翁意识和自我管理意识。

第四章 企业文化的基本概述

第一节 新形势下企业文化的基本结构

企业文化的基本结构是指企业文化系统内各要素之间的时空顺序、主次地位与结合方式，企业文化结构就是企业文化的构成、形式、层次、内容、类型等的比例关系和位置关系。它表明各个要素如何链接，形成企业文化的整体模式，主要包括企业精神文化、企业物质文化和企业制度文化。

一、企业精神文化

企业精神文化又叫企业文化的精神层，相对于企业物质文化和行为文化来说，企业精神文化是一种更深层次的文化现象，在整个企业文化系统中，它处于核心地位。企业精神文化，是指企业在生产经营过程中，受一定的社会文化背景、意识形态影响而长期形成的一种精神成果和文化观念。它包括企业价值观、企业经营哲学、企业精神、企业道德、企业风貌等内容，是企业意识形态的总和。它是企业物质文化、行为文化的升华，是企业的上层建筑。

（一）企业价值观

企业价值观是指企业在追求经营成功过程中所推崇的基本信念和奉行的目标。从哲学上说，价值观是关于对象对主体有用性的一种观念。而企业价值观是企业全体或多数职工一致赞同的关于企业意义的终极判断。

这里所说的价值是一种主观的、可选择的关系范畴。一种事物是否具有价值，不仅取决于它对什么人有意义，而且还取决于谁在作判断。不同的人很可能作出完全不同的判断。如一个把判断作为本位价值的企业，当利润、效率与创新发生矛盾时，它会自然地选择后者，使利润、效率让位。同样，另一些企业可能认为企业的价值在于致富、企业的价值在于利润、企业的价值在于服务、企业的价值在于育人。那么，这些企业的价值观分别可称为"致富价值观""利润价值观""服务价值观""育人价值观"。

在西方企业的发展过程中，企业价值观经历了多种形态的演变，其中最大利润价值观、经营管理价值观和社会互利价值观是比较典型的企业价值观，分别代表了三个不同历史时期西方企业的基本信念和价值取向。

最大利润价值观，是指企业全部管理决策和行动都围绕如何获取最大利润这一标准来评价企业经营的好坏。

经营管理价值观，是指企业在规模扩大、组织复杂、投资巨额而投资者分散的条件下，管理者受投资者的委托，从事经营管理而形成的价值观。一般来说，除了尽可能地为投资者获利以外，还非常注重企业人员的自身价值的实现。

企业社会互利价值观，是20世纪70年代兴起的一种西方社会的企业价值观，它要求在确定企业利润水平的时候，把职工、企业、社会的利益统筹起来，不能失之偏颇。

当代企业的价值观的一个最突出的特征就是以人为中心，以关心人、爱护人的人本主义思想为导向。过去，企业文化也把人才培养作为重要的内容，但只限于把人才培养作为手段。西方的一些企业非常强调在职工技术训练和技能训练上投资，以此作为企业提高效率、获得更多利润的途径。这种做法，实际上是把人作为工具来看待，所谓的培养人才，不过是为了改进工具的性能，提高使用效率罢了。当代企业的发展趋势已经开始把人的发展视为目的，而不是单纯的手段，这是企业价值观的根本性变化。企业能否给职工提供一个适合人发展的良好环境，能否给人的发展创造一切可能的条件，这是衡量一个当代企业或优或劣或现代或落后的根本标志。德国思想家康德曾经指出，在经历种种冲突、牺牲、辛苦斗争和曲折复杂的漫长路程之后，历史将指向一个充分发挥人的全部才智的美好社会。随着现代科学技术的发展，现代和21世纪文明的真正财富，将越来越表现为人通过主体本质力量的发挥而实现对客观世界的支配。这就要求充分注意人的全面发展问题，研究人的全面发展，无论对于企业中的人，还是对全社会，都有着极其重要的意义。

（二）企业精神

企业精神是现代意识与企业个性相结合的一种群体意识。每个企业都有各具特色的企业精神，它往往以简洁而富有哲理的语言形式加以概括，通常通过厂歌、厂训、厂规、厂徽等形式形象地表达出来。

一般来说，企业精神是企业全体或多数职工共同一致、彼此共鸣的内心态度、意志状况和思想境界。它可以激发企业职工的积极性，增强企业的活力。

企业精神作为企业内部职工群体心理定式的主导意识，是企业经营宗旨、价值准则、管理信条的集中体现，它构成企业文化的基石。

企业精神源于企业生产经营的实践之中。随着这种实践的发展，企业逐渐提炼出带有经典意义的指导企业运作的哲学思想，成为企业家倡导并以决策和组织实施等手段所强化的主导意识。

企业精神集中反映了企业家的事业追求、主攻方向以及调动职工积极性的基本指导思想。企业家常常以各种形式在企业组织过程中得到全方位强有力的贯彻。于是，企业精神又常常成为调节系统功能的精神动力。

企业精神总是要反映企业的特点，它与生产经营不可分割。企业精神不仅能动地反映与企业生产经营密切相关的本质特征，而且鲜明地显示企业的经营宗旨和发展方向。它能深刻地反映企业的个性特征和它在管理上的影响，起到促进企业发展的作用。

企业的发展需要全体职工具有强烈的向心力，将企业各方面的力量集中到企业的经营目标上去。企业精神恰好能发挥这方面的作用。人是生产力中最活跃的因素，也是企业经营管理中最难把握的因素。现代管理学特别强调人的因素和人本管理，其最终目标就是试图寻找一种先进的、具有代表性的共同理想，将全体职工团结在企业精神的旗帜下，最大限度地发挥人的主观能动性。企业精神渗透于企业生产经营活动的各个方面和各个环节，给人以理想、以信念，给人以鼓励、以荣誉，也给人以约束。

企业精神一旦形成群体心理定式，既可通过明确的意识支配行为，又可以在意识的推动下产生行为。其信念化的结果，会大大提高职工主动承担责任和修正个人行为的自觉性，从而主动地关注企业前途、维护企业声誉，为企业贡献自己的全部力量。

首先，从企业运行过程中可以发现，企业精神具有以下基本特征：它是企业现实状况的客观反映。企业生产力状况是企业精神产生和存在的依据，企业的生产力水平及其由此带来职工、企业家素质对企业精神的内容有着根本的影响。很难想象在生产力低下的条件下，企业会产生表现高度发达的商品经济观念的企业精神。同样，也只有正确反映现实的企业精神，才能起到指导企业实践活动的作用。企业精神是企业现实状况、现存生产经营方式、职工生活方式的反映，这是它最根本的特征，离开了这一点，企业精神就不会具有生命力，也发挥不了它应有的作用。

其次，它是全体职工共同拥有、普遍掌握的理念。只有当一种精神成为企业内部的一种群体意识时，才可认作是企业精神。企业的绩效不仅取决于它自身有一种独特的、具有生命力的企业精神，而且还取决于这种企业精神在企业内部的普及程度，取决于是否具有群体性。

再次，它是稳定性和动态性的统一。企业精神一旦确立，就相对稳定，但这种稳定并不意味着它就一成不变了，它还是要随着企业的发展而不断发展的。企业精神是对职工中存在的现代生产意识、竞争意识、文明意识、道德意识以及企业理想、目标、思想都具有稳定性。但同时，形势又不允许企业以一个固定的标准为目标，竞争的激化、时空的变迁、技术的飞跃、观念的更新、企业的重组，都要求企业作出与之相适应的反应，这就反映出企业精神的动态性。稳定性和动态性的统一，使企业精神不断趋于完善。

从次，它具有独创性和创新性。每个企业的企业精神都应有自己的特色和创造精神，这样才能使企业的经营管理和生产活动具有针对性，让企业精神充分发挥它的统率作用。企业财富的源泉蕴藏在企业职工的创新精神中，企业家的创新体现在它的战略决策上，中层管理人员的创新体现在他怎样调动下属的劳动热情上，工人的创新体现在他对操作的改进、自我管理的自觉性上。任何企业的成功，无不是其创新精神的结果，因而从企业发展的未来看，独创和创新精神应当成为每个企业的企业精神的重要内容。

继次，要求务实和求精精神。企业精神的确立，旨在为企业职工指出方向和目标。所谓务实，就是应当从实际出发，遵循客观规律，注意实际意义，切忌凭空设想和照搬照抄。求精精神就是要求企业经营上高标准、严要求，不断致力于企业产品质量、服务质量的提高。在现代强手如林的市场竞争中，质量和信誉是关系事业成败的关键因素。一个企业要想得到长期稳定的发展，永远保持旺盛的生命力，就必须发扬求精精神。

最后，具有时代性。企业精神是时代精神的体现，是企业个性和时代精神相结合的具体化。优秀的企业精神应当能够让人从中把握时代的脉搏，感受到时代赋予企业的勃勃生机。在发展市场经济的今天，企业精神应当渗透着现代企业经营管理理念、确立消费者第一的观念、灵活经营的观念、市场竞争的观念、经济效益的观念等。充分体现时代精神应成为每个企业培育自身企业精神的重要内容。

二、企业物质文化

企业物质文化又叫企业文化的物质层，它首先是由企业职工创造的产品和各种物质设施等构成的器物文化，是一种以物质形态为主要研究对象的表层企业文化。企业生产的产品和提供的服务是企业生产经营的成果，它是企业物质文化的首要内容。其次是企业创造的生产环境、企业的技术设备和企业的容貌等，它们都是企业物质文化的主要内容。

（一）企业产品

传统的产品以及对它的解释，常常局限在产品特定的物质形态和具体用途上，而在现代市场营销学中，产品则被理解为人们通过交换而获得的需求的满足，归结为消费者和用户期求的实际利益。由此，产品概念所包含的内容大大扩充了，产品是指人们向市场提供的能满足消费者或用户某种需求的任何有形产品和无形服务。

有形产品主要包括产品实体及其品质、特色、式样、品牌和包装；无形服务包括可以给买主带来附加利益和心理上的满足感及信任感的售后服务、保证、产品形象、销售者声誉等。

现代产品的整体概念由核心产品、形式产品和扩大产品三个基本层次组成。

核心产品是指产品的实质层，它为顾客提供最基本的效用和利益。消费者或用户购买某种产品绝不仅仅是为获得构成某种产品的各种构成材料，而是为了满足某种特定的需要。

形式产品是指产品的形式层，较产品实质层具有更广泛的内容。它是目标市场消费者对某一需求的特定满足形式。产品形式一般通过不同的侧面反映出来。产品形式向人们展示的是核心产品的外部特征，它能满足同类消费者的不同要求。

扩大产品是指产品的扩展层，即产品的各种附加利益的总和[①]。它包括各种售后服务，如提供产品的安装、维修、送货、技术培训等。国内外许多企业的成功经验中，很重要的一条就是得益于良好的售后服务。他们除了提供特定的产品外，还根据顾客和用户的需要提供多种服务。在现代市场营销中，企业销售绝不仅是特定的作用价值，而必须是反映产品整体概念的一个系统。在日益激烈的竞争环境中，扩大产品给顾客带来的附加利益，已成为竞争的重要手段。许多情况表明，新的竞争并非各公司在其所生产的产品上，而在于附加在包装、服务、广告、顾客咨询、资金融通、运送、仓储及具有其他价值的形式。因此，能正确发展附加产品的公司，必将在竞争中取胜。

（二）企业环境

企业环境主要是指与企业生产相关的各种物质设施、厂房建筑以及职工的生活娱乐设施。

企业生产环境的优劣，直接影响企业职工的工作效率和情绪。优化企业生产环境，为企业职工提供良好的劳动氛围，是企业重视人的需要，激励人的工作积极性的重要手段。

因此，我们要注意为企业发展创造一个良好的环境。现代企业管理者也越来越多地注意到企业环境对职工的个人发展、对企业的优化良性运转、对利润的最大化追求发挥着越来越重要的作用。

（三）技术设备

从一定意义上说，企业文化的形成取决于企业内外多种因素，其中

[①]尚慧鹏.企业文化建设与种业高质量发展协同效应研究[J].分子植物育种，2024,22(02):670-675.

企业外部的技术环境、企业内部的技术条件、企业职工的文化技术水平对企业文化的塑造有重要影响。技术的发展对企业文化有很大影响。技术作为物质文明、精神文明的一种体现，对社会起着潜移默化的作用。人们接受了这种技术反映出来的思想，可以冲击传统的思想沉积，破除旧的价值观念，萌生新的价值追求。

技术、设备是企业形成物质文化的保证，企业技术、设备的发展水平决定企业的竞争力，新技术、新设备、新材料、新工艺、新产品的开发和应用，生产过程的机械化、自动化、电算化都直接关系到企业物质文化发展的水平及其对企业精神文化发展的影响程度。

技术、设备是现代企业进行生产经营活动的物质基础，是企业劳动资料中最积极的部分。在现代化企业中，职工凭借先进的技术、设备，使劳动对象达到预期的目标，为社会生产出量多、质优、价廉的产品，创造优质的物质文化。随着知识经济时代的到来，技术、设备对企业文化建设的制约作用越来越大，今后的企业生产效率和经济效益在很大程度上也取决于技术、设备的现代化程度。

三、企业制度文化

企业的制度文化又叫企业文化的制度层，在企业中，企业制度文化是人与物、人与企业运营制度的结合部分，它既是人的意识与观念形态的反映，又是由一定物的形式所构成。它是企业为实现自身目标对职工的行为给予一定限制的文化，它具有共性和强有力的行为规范的要求。企业制度文化的规范性是一种来自职工自身以外的带有强制性的约束，它规范着企业的每一个人，企业工艺操作规程、厂规厂纪、经济责任制、考核奖惩制度都是企业制度文化的内容。同时，企业制度文化具有中介性，表现在它是精神和物质的中介。制度文化既是适应物质文化的固定形式，又是塑造精神文化的主要机制和载体。正是由于制度文化的这种中介的固定、传递功能，它对企业文化的建设具有重要作用。

企业制度文化主要包括企业领导体制、企业组织机构和企业管理制度三个方面。企业领导体制的产生、发展、变化，是企业生产发展的必然结果，也是文化进步的产物。企业组织结构是企业文化的载体，包括正式组织结构和非正式组织。企业管理制度是企业在进行生产经营管理时所制定的，起规范保证作用的各项规定或条例。上述三者，构成企业的制度文化。

（一）企业领导体制

企业领导体制是企业领导方式、领导结构、领导制度的总称，其中主要是领导制度。企业的领导制度，受生产力和文化的双重制约，生产力水平的提高和文化的进步，就会产生与之相适应的领导体制。不同历史时期的企业领导体制，反映着不同的企业文化。在企业制度文化中，领导体制影响着企业组织结构的设置，制约着企业管理的各个方面。所以，企业领导体制是企业制度文化的核心内容。卓越的企业家就应当善于建立统一、协调、通常的企业制度文化，特别是统一、协调、统筹的企业领导体制。

（二）企业组织机构

企业组织机构是指企业为了有效实现企业目标而筹划建立的企业内部各组成部分及其关系。如果把企业视为一个生物有机体，那么组织机构就是这个有机体的骨骼。因此，组织机构是否适应企业生产经营管理的要求，对企业生存和发展有很大的影响。不同的企业文化有着不同的组织机构。影响企业组织机构的不仅是企业制度文化中的领导体制，而且企业文化中的企业环境、企业目标、企业生产技术及企业职工的思想文化素质等也是重要因素。组织机构形式的选择必须有利于企业目标的实现。

（三）企业管理制度

企业管理制度是企业为求得最大效益，在生产管理实践活动中制定的各种带有强制性义务，并能保障一定权利的各项规定或条例，包括企业的人事制度、生产管理制度、民主管理制度等一切规章制度。企业管理制度是实现企业目标的有力措施和手段。它作为职工行为规范的模式，能使职工个人的活动得以合理进行，同时又成为维护职工共同利益的一种强制手段。因此，企业各项管理制度，是企业进行正常的生产经营管理所必需的，它是一种强有力的保证。优秀企业文化的管理制度必然是科学、完善、实用的管理方式的体现。

在探讨企业组织机构和企业组织文化的时候，我们应当意识到，企业的组织文化并不是完全独立的，它与一定的民族文化传统的深厚背景有着千丝万缕的联系。在中国文化传统中，一般不从个体方面看问题，而是把什么都看成一种有组织的结构。大到国家，小到个人，都有相应的管理网络和管理艺术。所谓格物、致知、诚意、正心是修己，是自我管理；所谓齐家、立业、治国平天下是家庭管理、企业管理、行政管理、教化管理。修身和安人是相互沟通的。

第二节　新形势下企业文化的基本规律

一、企业文化的生成规律

任何理论的形成都有其发展的关联性，企业文化理论也是一样，它主要是从组织行为学发展而来，同时也继承了心理学、社会学、哲学的一些思想。企业文化理论从组织行为学继承了关于企业的宗旨、价值观、行为方式、运行机制、氛围等思想；从心理学继承了激励机制和满足人的不同需求等思想；而社会学对企业文化研究的影响表现为对神话传说、礼仪和符号的研究；哲学对企业文化的影响主要是思维方式和社会关系等方面。从构成的角度来说，企业文化是一种融合了管理学、哲学、社会学、心理学、公共关系学、经济学、文化人类学等多学科精华的新兴管理理论。

（一）企业文化的形成

企业文化是在一定的生产经营环境中，为适应企业生存发展的需要，由少数人倡导和实践，经过较长时间的传播和规范管理而逐步形成的。就形成因素和机理方面主要有以下几种观点：

1. 自然因素学说

这种观点认为，企业文化是企业长期生产经营活动中，因生存发展的需要自然形成的，环境是形成企业文化的因素和条件，特定的环境因素造就特定的企业文化，包括地域因素、政治环境、经济环境、法律环境、时代环境。例如"用户第一，顾客至上"的经营观念是在商品经济出现买方市场、企业间激烈竞争的条件下形成的。

2. 组织动力学说

这种观点认为，企业文化来源于组织利益和个人需要，来源于组织中共有的东西，是组织学习、组织强化与组织规范的结果。在企业组织中，如果一种行为、某种认识或考虑问题的方式、一整套信念成功地解决了问题，那么，它们就会得到巩固强化，这种方式在以后的工作中可能会被沿袭采用。通过这种不断强化、持续宣传、反复实践、规范管理和递进创新的过程，企业组织的成员必然会持有一些"共同的东西"，这便是企业文化形成的依据。

3. 少数人倡导学说

这种观点认为，企业文化发端于少数人的倡导与示范，一开始总是只有少数人首先觉悟，他们提出反映客观需要的文化主张，倡导改变旧的观念及行为方式，成为企业文化的先驱者。正是由于少数领袖人物和先进分子的示范、启发并带动了企业的其他人，才形成了企业新的文化模式。其中包括企业领导的个性和风格对企业组织及企业文化的形成和演变有着深刻的影响。

企业文化涉及企业的方方面面，是一个复杂的系统工程，以上三种观点都不能单独完全体现企业文化的形成方式。正确理解企业文化的形成过程应该着眼于三者的有机结合，包含了企业文化理念的自然沉淀、组织推动和人为设计，处理好三者的融通是企业文化塑造中的关键问题。

企业文化的建设过程实质上就是企业生产经营活动的全过程，也就是说，企业文化建设不能在组织生产经营活动之外独立进行。任何突击式的企业文化建设都可能使企业文化独立于生产经营活动之外，效果自然不会好。但是，企业文化中的理念需要有目的的提炼和引导，更需要有目的的宣传和培训，通过人为的主动提炼、设计和引导，使自然形成的文化理念明晰化，使职工对企业文化、理念的理解深刻化。

另外，企业文化是企业发展到一定阶段的产物。企业文化现象之所以在经济发达的欧美和日本迅速发展，这与发达国家的经济已经完成了工业化，进入后工业化的阶段有关。企业文化作为一种较为高级的文化管理模式，它需要企业发展到一定规模和一定阶段，才能将原有的价值、理念整合成独具特色的管理模式和经营方式。很难想象小作坊和路边快餐店能塑造出整合程度高、有特色的企业文化，即使能提炼出一些企业精神，也会受发展阶段的局限，价值不高。

小型企业看老板，中型企业看管理，大型企业看文化。目前，我国处在工业化中期阶段，大多数企业的企业文化建设处于起步阶段。为此，企业要明确自己所处的发展阶段和发展目标，而不要盲目追求建设企业文化的形式。当然，一个企业从诞生之日起就有自己的文化，但这种文化主要是创办者、主要经营者的个人文化在企业中的反映，而企业文化的形成一般要经历一个逐步完善、定型和深化的过程。

（二）企业文化形成的影响因素

企业文化产生和形成的过程中，会受到大量内外部因素的影响。正是内力和外力长时间的共同作用，才会磨合形成适应企业外部环境和符合内部需求的企业文化。

1.企业外部环境因素的影响

企业的外部环境包括大环境与产业环境。大环境包含了国际和国内的政治、经济、社会、法律等因素，而产业环境则指企业在所从事的产业中经常会面对的市场、技术、产品、竞争对手等环境，这些环境有所不同，就会形成不同的企业文化。

（1）国际经济文化因素的影响

企业作为经济活动的主体，不仅受到国内经济文化环境因素的直接影响，而且还要受到国际经济文化环境因素的间接影响。比如，每次世界范围内的科技进步，都会影响到企业的技术升级；发达国家企业的竞争规范、运作机制的发展变化和趋势，随着跨国经济合作的加强，必然也会间接地影响到我国企业的竞争环境和运作方式的改变；同样，世界经济文化因素的重大变化，如经济全球化的加速，也会影响我国企业的发展战略。

（2）国内经济文化因素的影响

国内经济文化因素包含民族传统文化和当前生产力发展水平两个方面。

民族传统文化是一个民族在长期的历史长河中形成的体现自己民族特色的文化。民族传统文化是培育企业文化的土壤，企业文化是植根于民族传统文化土壤之中的。一般来说，优秀的民族传统文化对企业文化的产生和发展会产生正效应，如诚信、仁爱等传统思想，更贴近于企业文化的以人为本；而其中的消极成分也会对企业文化建设起到副作用。如传统文化中的宗法观念会导致企业建设中的关系网、派性等问题，形成内耗，压抑人才，影响职工积极性的发挥。

按照历史唯物主义的观点，任何一种文化都是属于社会意识形态的范畴，都是建立在一定的社会生产力发展水平之上的，有什么样的社会生产力发展水平就会有什么样的文化。当社会生产力发展水平变化的时候，建立在此基础上的文化也会随之而发生变化，否则，就会阻碍社会经济的发展，当这种阻碍力达到一定程度以后，就会发生急剧的社会变革，重新建立起一种新型的文化以适应经济基础的要求。

总的来说，社会生产力发展水平对企业文化建设的影响是明显的和直接的。一是影响企业的技术装备水平和工艺的先进程度，从而直接影响到企业的工作效率和效能；二是影响职工的思想观念和技能水平，进而影响到职工队伍建设的总体水平和企业职工面貌；三是影响到企业的未来发展，制约企业的发展动力、转换能力和创新潜力。因此，社会生产力发展水平是影响企业文化形成的外在因素中最重要的因素。如果企业文化与生产力的发展要求相背离，那么，这种企业文化将对社会和企业的发展起到阻碍作用，也不会有持久的生命力，必然被淘汰。

（3）产业环境的影响

企业主要属于哪个行业，生产什么样的主导产品，那么这个行业的特征就会反映在企业文化中。企业文化必须具有很强的针对性，尽管有跨行业通用的企业理念，但核心部分还是会以产业为主导。产业环境对企业文化走向的影响很大，不同的产业会形成不同的产业文化，进而引导单个企业的企业文化实现产业定位。如电力企业、金融企业、航天企业等，由于产业环境和行业特征的差别，会形成各自不同的符合自身产业发展的企业文化。

2.企业内部因素的影响

企业内部因素对企业文化生成的影响除了包括人的因素，即企业家因素和职工因素外，还包括企业自身的性质和资源等因素。

（1）企业家因素的影响

企业家是企业文化建设的核心力量和领导者，他们既是本企业文化的倡导者和设计者，也是企业文化实践的组织者和推动者。企业家的价值观与信念经常会影响公司的发展，例如企业家的素质会影响企业文化的状态与特征，因此，企业家特质、个人魅力、工作风格和经营哲学都会对企业文化的形成具有重大影响。企业家的综合能力会影响他们的思维能力、组织能力和决策能力，企业家的知识素养也会影响企业文化的知识含量，进而决定企业文化的创造力。同样，企业家的观念会左右企业文化建设的质量和实际效能。

（2）职工因素的影响

没有良好的职工素质就不会形成一流的企业文化，职工既是企业文化的创造者和实践者，也是企业文化的接收者和传播者，决定着企业文化执行是否到位。因此，职工队伍结构、素质状况及其变化，包括年龄构成因素、学历构成因素、技能水平等是否符合企业发展的需要，对企业文化的建设至关重要。

（3）企业自身的性质和资源

企业性质决定了企业文化的属性，企业性质发生改变会使得一定时期内企业文化所包含的价值观念、企业传统、道德规范、行为准则以及从企业制度、企业形象、企业产品之中所表现出来的思想观念和主流价值观也发生变化。

目前我国企业包括私有制和公有制两种性质，这两种性质的企业在现实市场中又有多种表现形式：业主制、合伙制、股份制、集体制及国有制，以及其他各种混合经济组织。任何一种性质的企业都需要与之相适应的特定的企业文化，民营企业的企业文化不可能适应于国有制企业发展所要求的企业文化，反之亦然。因此，任何企业必须根据自身的性质来确立企业所需要的文化。

企业的价值观与目标，也会受到企业资源的影响，企业资源包括企业中的一切有形、无形的力量，如资金、技术、管理、设施、社会关系等等，企业资源通常决定企业竞争的优势与劣势所在。

二、企业文化的发展规律

企业文化是企业发展到一定阶段的必然产物，在企业生存和发展的历程中，企业组织经历了一个从诞生、成长、发展、成熟、衰退到蜕变（或者死亡）的过程，它有一个生命周期。在不同的阶段，企业的环境条件不同，所面临的主要任务、近期目标不同，与之相伴的企业文化也伴随着组织的发展变化而呈现出不同的特点和规律性的变化。

（一）企业文化的孕育期

这一阶段是企业的创建阶段，企业可塑性强，企业建成什么模式，主要取决于创办者的综合素质，包括知识水平、企业经营管理经验与能力，尤其是其战略眼光、市场定位与发展目标定位的能力。企业创始人和他的观念是促进企业文化形成的主要力量。而且，该时期的企业文化孕育，对企业以后的发展影响巨大。如果企业成功地完成了它的基本任务并得以生存发展，那么已经成型的文化规范可以视为企业与众不同的能力，是企业职工一致性的基础，也是使企业组织紧密结合起来的黏合剂[①]。

因此，此时的企业管理虽处于萌生、准备阶段，但应做细各方面工作，把企业文化建设的基础打好。其中包括管理思路与管理模式的准备，组织结构模式的选择，各类人员的招聘与培训，产品的研究设计与开发等等。企业文化建设的重点是把自己与环境及其他企业组织区别开来，依据市场和发展战略定位，使自己的文化富有个性特征，并尽可能在整合中使企业文化成长起来，在这一时期，虽然是企业文化建设的初级阶段，但意义重大。

表4-1　企业诞生阶段与企业文化状态

企业诞生阶段	企业文化状态
●企业的创建阶段； ●企业可塑性很强,企业管理处于萌生、准备阶段。	●企业创始人和他的观念是促进企业文化形成的主要力量； ●该时期的企业文化孕育,对企业以后的发展影响重大； ●企业文化建设的基础阶段。

---

①曹书民,张丽花,田华. 企业文化[M]. 北京:北京理工大学出版社,2021.

（二）企业文化的成长期

成长期是企业开始生产运营、谋求发展的时期，大中型企业在这一阶段的主要特点是：①尚未形成具有本企业特色的企业文化，特别是管理哲学（企业价值观或企业精神）、企业及其产品在社会上还未得到广泛认可，还没树立起自己的形象。②管理工作还不太规范，管理水平较低。可能表现为规章制度不健全，无章可循或有章不循，企业自律与职工自律的自觉性较差。③人员结构不完善。由于是新建企业，年轻的新职工多，有经验的老职工少，缺乏有丰富经验的技术人员和管理人员，教育培训任务繁重。④产品质量不稳定。由于技术力量薄弱，质量等管理手段还比较薄弱，产品质量易发生波动。⑤发展速度不稳定。若有市场需求，发展速度可能会很快，生产能较快达到设计能力。但由于竞争力不强，客户不稳定，又可能会影响发展速度。

因此，这一阶段的企业文化是一个不断演进、磨合、认同、强化的过程。企业文化建设的重点，除了宣传、强化、巩固方面，关键还要进行理念的统一。企业必须制定科学、可行的企业发展理念，并在职工中进行相应的宣传和解释，实现职工对企业发展理念的高度认同。或者说，这一阶段是企业价值观的统一阶段，需要广大企业职工的参与和实施。通过大力宣传企业价值观和企业精神，要求所有职工都以一种积极的态度去参与，才能提高和稳定产品质量和服务质量，树立产品和企业在社会上的良好形象。

这一阶段是完善管理制度的重要时期，必须通过科学完善的规章制度来保证企业的高效运营，为后继的企业文化建设奠定基础。

表4-2 企业成长阶段与企业文化状态

企业成长阶段	企业文化状态
开始生产运营、谋求发展的时期。 ● 管理工作还不太规范,管理水平较低;人员结构不完善; ● 产品质量不稳定; ● 发展速度不稳定。	● 尚未形成具有本企业特色的企业文化; ● 制定科学完善的规章制度文化; ● 还要进行理念的统一,需要广大企业职工的参与和实施; ● 谨慎地宣传、强化、巩固或维护企业文化。

（三）企业文化的高速发展期

一般在企业创建5～7年后，企业进入高速发展期。这一时期，管理走上正轨。随着企业规模扩大，管理工作比以前复杂，管理组织结构逐步由集权制转为分权制，先进的管理办法和手段在企业内普遍采用，规章制度形成较完备的体系，企业自律与职工自律意识也极大增强。

到了这一时期，企业组织相对稳定，经营管理者已积累较丰富的经验，职工群体不仅人数增加，更重要的是技术水平、综合素质大大提高。无论从哪方面来说，企业实力都极大增强。在这一阶段中，企业的文化已随企业发展而发展起来，企业在它的早期所形成的文化已被认为是理所当然的，文化中最重要的要素——企业哲学、共有的价值观和理念已经渗透或内化到企业的组织结构和主要的流程，渗透到日常工作之中，处于无意识状态。这是企业文化建设所追求的理想境界，但却并非企业文化建设的终点。企业文化是为企业发展服务的，随着企业发展战略和发展理念的变化，企业文化的定位也会随之进行调整，其内容也可能会有所变化。

在这一发展阶段，处于高速发展阶段的企业，有了强烈的创新内在驱动力，具备了创造能力，可以将创造发明很快投入应用。这一时期是培育创新精神、多出创新成果的大好时机。许多企业必须决定是否要通过开发新产品、开拓新市场和实行纵向一体化、横向一体化来增强企业的竞争实力，或通过兼并和合并企业等方法来扩大企业规模、改善资本结构。企业经营管理的重点放在争取、利用有利的发展机会和各种发展资源上面。这在很大程度上取决于企业高层领导者的进取心、责任心和洞察力、开拓力、创新能力。虽然许多企业组织在诞生、成长的过程中都取得过不少令人欣慰的业绩，然而，企业过去的成长和发展历史对其将来获得更大的发展、更大的成功并不一定是一种好的借鉴。因为，企业组织的外部环境已经发生了变化，更为重要的是，企业内部也发生了某种程度的改变，这会弱化和削弱企业文化作用的基础。

另一方面，随着企业经营规模扩大，可能会有一种力量促进文化的扩散而使文化丧失一体性，强有力的次文化逐渐形成，高度一致的整体文化难以在一家规模庞大、分工细密和地域分散的企业中得以保持。在这一阶段，企业高层管理决策者应着手考虑有关企业文化的变革问题，需要充分意识到企业所处的地位和它的发展方向。如果企业的外部环境、内部因素均发生了重大的变化，固守传统的文化不是明智之举。

表4-3 企业发展阶段与企业文化状态

企业发展阶段	企业文化状态
●管理工作比以前复杂,管理组织结构逐步由集权制转为分权制,先进的管理办法和手段在企业内普遍采用; ●企业组织稳定,规章制度较完备;争取、利用有利的发展机会,扩大规模、开拓新市场、进一步增强企业实力。	随着组织中新文化的萌生,主流文化的一体性和黏合作用降低 ●企业主要目标、价值观及其他主要文化规范存在的基础开始发生变化; ●复杂和多样化的文化不相容,带来了文化的冲突和融合问题; ●培育创新精神,考虑有关企业文化的变革问题。

（四）企业文化的成熟期

经过多年经营，企业发展到成熟时期，具有了较成熟的经营哲学，经营理念得以贯彻，具有本企业特色的企业精神也已形成。此时，企业创出了特色产品，甚至名牌产品和商标，企业的经营思想、管理理念、企业精神，通过各种广告、宣传媒体以及优质产品本身为世人广为知晓，企业在公众中树立起良好形象。

到了成熟期的大中型企业，高层领导者大多进入中老年。他们知识全面、见识广博、经验丰富、谨慎稳重，但往往会缺乏年轻时那种对新生事物的敏感，改革进取之心没有年轻人那样强烈，创新精神减退，思想趋于保守。他们对企业充满深厚的感情，却容易沉湎于过去的辉煌，而忽视存在的问题和缺点，他们也衷心期望企业长盛不衰、持续发展，却往往满足于管理的现状，淡漠了保持企业旺盛生机最需要的管理创新。再从职工角度来看，在处于成熟期的大中型企业中，中老年职工较多，职工思想不如新建企业活跃。另外，到这一时期，企业力量雄厚、竞争力强、市场压力相对较小。这些都是促成企业创新精神衰减、思想观念趋于保守、停滞的因素。

在这一时期，许多企业都意识到，它们的文化中有一些重要的部分在紧张的竞争环境中出现了功能失调，并且成为一种文化定式，以至于它只能强化以前的假设和价值观，甚至成为企业发展的保守因素或阻碍。企业文化也许还可能继续有利于企业组织的稳定和发展，然而它不能再向很关心外部环境变化的企业职工提供指导准则。在这种情况下，组织中那些具有创新精神的职工开始创造一种"反文化"，向企业传统的主流文化发起挑战。

表4-4　企业成熟阶段与企业文化状态

企业成熟阶段	企业文化状态
●经营理念得以贯彻,具有本企业特色的企业精神也已形成; ●企业的经营思想、管理理念,企业精神,通过各种广告、宣传媒体以及优质产品本身,为世人广为知晓,企业在公众中树立起良好形象; ●容易沉湎于过去的辉煌、已有的成就,而忽视存在的问题和缺点。	●成为一种文化定式,在紧张的竞争环境中出现了功能失调; ●向传统的主流文化发起挑战; ●培育创新精神,考虑有关企业文化的变革问题。

（五）企业文化的衰退（变革）期

从成熟到衰退，是企业生命生长的必然规律。企业因为市场已经饱和、产品已经陈旧等原因而不能继续发展时，它就步入了这一阶段。这时，企业问题较多、困难较多，若不采取措施，就很难再发展下去。但绝非不可救药，其出路在于脱胎换骨、重造新生。

从辩证的角度看，企业文化的衰退期也正是进行企业文化变革的最佳时机，因此，衰退期同时也是变革期。这一时期企业存在诸多问题，"大企业病"就是最典型的一个，这是由企业规模过大而管理未有创新造成的。其特征有："肥胖症"——间接人员增多，管理机构庞大；"迟钝症"——决策过程繁杂，行动缓慢；"失调症"——企业内各部分、各单位之间冲突严重，协调困难；"失控症"——各单位本位主义、小团体主义严重，最高领导层很难有效控制；"头脑僵化症"安于现状、墨守成规的思想占据上风，不思进取、得过且过的精神状态大行其道；等等。这些病症虽然在成熟期就可能出现，但到了衰退期，往往会变得非常严重。由于过去长期的成功发展史，证明了企业历史的正确性，同时是职工的骄傲和自尊的根源。因此，即使意识到存在一些问题，企业的成员仍愿意坚持，这些问题就像人的肌体上的恶性肿瘤一样，不动大手术则难以根除。

因此，进入或即将进入衰退期时，企业就应尽量努力缩短衰退期，甚至是跨越衰退期，要正视问题和困难，树立信心和勇气，营造创新的氛围，促进企业的革新重建，或者说是蜕变。

表4-5　企业衰退（变革）阶段与企业文化状态

企业衰退（变革）阶段	企业文化状态
●市场已经饱和,产品已经陈旧,市场从成熟中的稳定转向萎缩； ●"大企业病"日益严重； ●企业组织在增加了内在稳定性的同时也处于停滞不前的状态,缺乏创新和激励的动因。	●固有文化开始成为企业创新的枷锁； ●文化维持过去的荣誉,因此,常被看作一种自尊和防卫的力量而受到重视。

（六）企业文化的创新期

企业早先的辉煌并不意味明天的成功，因为外部环境是复杂多变的，而企业现存的文化是企业适应过去的市场环境的产物，在新的市场环境中它就可能因为不适应而成为企业前行的沉重负担。

哈佛商学院著名教授约翰·科特和詹姆斯·赫斯克特的研究表明，除非企业文化能促使企业对外部环境健康地适应，否则一种强势的企业文化并不能保证企业获得成功。不能促进企业适应外部环境的强势文化，往往会对企业的成功造成伤害。例如，某个IT企业曾经非常成功，但由于死抱着过去成功的思考方式和做事方式不放，没有及时改变自身的文化，以适应变化中的市场需求，这最终导致该企业的衰亡。正因为这样，企业应时时关注外部环境的变化趋势，经常分析现有文化是否适应外部环境，一旦不适应就要考虑改变文化。改造企业文化必须符合外部环境尤其是市场环境的要求，否则将会弊大于利。

处于企业文化创新期的企业常常呈现以下状况：企业一贯依靠价值观为动力，而环境正在发生根本变化；企业所处的行业竞争激烈而环境迅速变化；企业业绩平平或每况愈下；企业就要成为一家大型企业集团；企业成长十分迅速。此外，还包括企业的兼并与重组，尤其是兼并方的企业文化与被兼并的企业文化之间有重要差异。

对于正常发育或超常发育的大中型企业来说，即使进入衰退期，绝大多数不是死亡消逝了，而是发生战略调整、创新蜕变。企业创新期是企业得以延续生存、进而求得继续发展的关键阶段，也通常会面临如何改造企业文化的问题。杰克·韦尔奇这样评价变革企业文化的关键作用："如果想要列车再快10公里，那只要加大马力就可以了；但要是想让车速提高十倍的话，那就必须得更换铁轨了。资产重组可以一时提高生产力，但若没有文化上的改变，就无法维持高生产力的发展。"事实上，对许多变革成功的企业进行的调查研究也表明，这些企业之所以成功实现变革，是因为它们成功地实现了企业文化的变革。

企业的蜕变是个相当复杂的过程，国内外学者为此专门提出一种"企业蜕变理论"和"蜕变的经营哲学"。由于企业衰退期并非不可跨越，蜕变也并非一定要经过特定的阶段专门完成，因此，关于蜕变的理论观点同样适用于企业成长的其他阶段，尤其是高速发展期、成熟期等。

"蜕变"可分两种，一是"生而复生"的蜕变，二是"置之死地而后生"的蜕变。前者是说在企业还未进入衰退期时，即关注蜕变、常革常新、永葆活力，在这种情况下跨越衰退期是完全可能的。后者是指确实进入了衰退期甚至快到死亡线了，企业来一次大蜕变，以求绝处逢生。这样，企业就要经历一个明显的蜕变期过程，通过某种类型的"文化转变"，更迅速地转变文化的某些部分，以增强企业的适应性。

表4-6　企业创新阶段与企业文化状态

企业创新阶段	企业文化状态
●企业一贯依靠价值观为动力，而环境正在发生根本变化； ●企业所处的行业竞争激烈而环境迅速变化； ●企业业绩平平或每况愈下； ●企业就要成为一家大型企业集团； ●企业成长十分迅速； ●企业的兼并与重组，尤其是兼并方的企业文化与被兼并的企业文化之间有重要差异。	●对企业文化进行变革、重塑、移植和整合； ●通过强有力的措施解冻企业； ●改造企业文化必须符合外部环境尤其是市场环境的要求； ●需要铁腕人物领导的推动。

综合上述分析，企业文化的发展规律与企业生命周期的各个阶段有着千丝万缕的联系，企业每个阶段都会有相应的企业文化状态，并随着企业的发展而变化。在当前的企业文化建设中，人们对企业变革阶段而带来的企业文化的创新需求认识不足，这恰恰是由于忽略了企业文化自身的变革规律。

第三节　新形势下企业文化建设的必要条件

一、认识企业文化建设的重要性

企业在激烈的竞争中要有效发展，必须将有效的资源予以最大化地应用，这需要依赖职工为实现共同目标付出有效的行动。通常企业主管会采取规章制度、奖惩措施或检查监督手段，要求职工做或不做某些事情。这些方法是可行的，但实际却是非常有限的。

其一，当组织人数增加到超过管理者能够控制的程度时，管理者的心力便无法应付层出不穷的各类情况；

其二，职工的工作时间与地点所覆盖的范围，超过管理者可控范围；

其三，知识工作者和服务人员的工作形态具有一定隐蔽性，无法准确把握，例如计算机工程师到底是在发呆还是在想工作？服务员是热情工作还是应付？

其四，最为重要的是管理效率，管理效率=主管让部属产生有效行动付出的心力+高度监督，主管需要付出更多的心血，反之部属会更为被动。

如何调动部属的积极性，让部属更加自觉地遵守公司的政策、原则和规章制度呢？部属的自觉行动是否是公司期望的？如果各自运用自己习惯的方式做事，能否保持组织内部一致性？要彻底解决这些问题，企业文化是最佳工具。

企业文化是代表一系列相互依存的价值观念和行为方式的总和，是企业精神力量的体现，是以人为本、做人做事相统一、实现适应经济发展要求的转变，即由自然人到社会人到文化人、由产品经营到资本经营到文化经营、由胆商到情商到智商、由随意管理到制度管理再到文化管理、由人治到法制到自治的转变等等。

二、企业文化建设的基本特点

全体成员的认同。任何文化只有得到全体成员的认同才称其为文化，否则就不是文化，企业文化也不例外。所以，企业文化实质上是一种认同文化。

人为的精心培育。文化不是天上掉下来的，而是人为的，具有明确的倾向性，离开培育，特别是领导的倡导和培养，就难以形成优秀文化。

企业文化主要体现为共同的信念、原则与规范具有长期性的特点。企业文化如同社会文化一样，不易形成，而一旦形成，就不会轻易改变。所以企业文化是一项长期的任务，绝非朝夕之功。一个优秀的企业文化，不是自发形成的，而是靠自觉地策划和培育的。而培育和建设企业文化并非一日之功，也不是一两句口号可以代替的。必须经过一个长期艰巨的培育过程，需要有规划、有步骤地进行。

培育企业文化要做大量艰苦细致的工作。一般情况下，企业文化至少需要4年、多则10年以上才能建成，是第一代人培育，第二代人享用、受益，是前人栽树、后人乘凉，因此不能急于求成，所以培育企业文化是不断强化的过程。

培育企业文化的时间之所以比较长，主要是要把先进的文化思想变为职工的潜意识，有一个相当长的传播、体会等潜移默化的过程。事实上每个人都曾不自觉地通过潜意识处理复杂的事情和问题[①]。层次高的人与一般人的区别，主要在于能够在意识和潜意识之间形成较高的契合关系。

一般地说，人们总是通过千百次地训练潜意识而逐步扩大知识和熟练各类技能的，一旦学会就好像天生就会一样，因而潜意识的能量大大超过意识的能量。比如芭蕾舞演员的舞艺，常常借助于多年练就的一种潜意识。一个高水平的芭蕾舞演员，不是老师或教练给她上几节课、讲一些理论，就可以达到炉火纯青的程度，而是需要坚强的毅力和大量的汗水，进行重复的高强度的练习，形成潜意识，达到非常娴熟的技能。再如，初学开车时，精力特别集中，甚至不敢侧目观看身边的人，也不敢与身边的人说话，而经过一段时间的练习，动作熟练了，几乎不需要十分专注，只凭下意识，就可以很轻松地做同样的动作，而且在车流量很大的情况下，一面驾驶一面聊天，即便在紧急情况下，也能够凭直觉作出相应的反应，化险为夷。另外，学习钢琴、绘画、打球等等，都是把熟练的部分交给潜意识，而让意识专注于学习新的知识。

企业文化的培育也有类似之处。文化思想的形成和获得，也是从有意识地注意开始，逐步发展为由潜意识掌握。用简短的语言表达如下：

行动重复千百次技能（潜意识）

思想重复千百次信念（潜意识）

由此可知，企业文化的培育也需要重复千百次，是周而复始、不断循环的过程。具体程序包括：根据职工的共同愿景设计企业文化的雏形，通过群体谈话、自我谈话和付诸行动，不断强化理念。要全员全方位开展企业文化培育创建活动，在职工中形成氛围，而且领导身体力

---

①周斌. 企业文化建设要素框架[M]. 杭州:浙江大学出版社,2020.12.

行，进入新角色，用企业文化培训和言行影响职工，形成共同的价值观。

第四节 建设企业文化的程序与方法

一、培育企业文化的程序

企业文化的培育和塑造，大体经过四个阶段：

第一是诊断。培育优秀的企业文化，必须通过问卷、访谈、资料分析、现场观察等方法，了解企业的内外环境，把握作为企业文化建设主体的职工队伍的基本情况；通过对企业领导讲话、文件、报刊、规章制度、标准、措施及口号的整理、归纳，摸清现行管理思路和企业文化建设的现状，找出企业文化建设的着眼点和立足点。

第二是规划。根据诊断结果、企业愿景、内外部环境，进行整体设计，使四个层面的企业文化得到统一与整合。依据企业的发展战略和发展规划，设计出企业的共同愿景；依据企业的属性、行业特点、企业历史特点和队伍状况，选择适当的价值观念和经营理念；发动群众广泛讨论，提出具有本企业特点，并为大多数职工认同，能够发挥引导、鼓舞和激励作用的企业精神；通过广泛征集和精心设计，创作厂歌、厂旗、厂徽、厂服，搞好形象策划。企业文化规划和设计的关键，是采取多种形式广泛地发动职工参与，如开展企业文化征文活动，通过启发自愿和强制等措施，动员群众每人想一个观点、讲一个故事、抓一条措施；召开若干次头脑风暴会议，发动群众敞开思路、广开言路，轻松愉快地谈设想，不怕耻笑，禁止"批判"，谋求数量，形成氛围；引导企业开展文化研讨，提出研究主题，搭好研究框架，细化研究内容；归纳企业形象，包括普通职工形象、管理者形象和经营者形象；实行有奖征答，公开向社会征求厂徽、厂歌、商标设计等，体现企业愿意依靠公众的智慧、尊重公众意见。同时，又意味着对企业形象作了一次深入的传播。

第三是导入推广。将设计策划的文化要素逐一植入组织之中，让职工欣然接受。

一是要确立企业领导的言行标准，领导者身体力行，信守价值观念，发挥领导对职工的示范效应。企业领导者的模范行动是一种无声的号召，每个领导要成为企业文化的模范实践者，率先垂范，身体力行，处处注意自己的"角色形象"。企业要塑造和维护共同的价值观，领导者本身就应是这种价值观的化身，并通过自己的行动向全体成员灌输价值观。首先，领导者要坚定信念；其次，要在每一项工作中体现这种价值观；最后，领导者要注意与职工的感情沟通，重视感情的凝聚力量，以平等的真诚友好的态度对待下属成员，就会取得他们的信任。感情上的默契会使领导者准确地预见周围世界对自己的行动的反应，形成一种安全感，对下属来说，则会产生"士为知己者用"的效用。

二是树立企业英雄。英雄人物是企业职工评判自己思想行为的一面镜子。在培育企业文化中要广泛宣传职工的个人先进事迹，把群众公认的品德高尚、成绩显著的人物选为公司榜样，通过他们特有的号召力、影响力、感染力，影响、同化、统一职工的思想、行为、价值观。

三是开展各种文化仪式活动，如唱厂歌、升厂旗、穿厂服等，增强职工对企业的认同感和自豪感，并把一切能够增强内聚力、优化企业环境的活动纳入文化仪式范畴，统筹开展活动。

四是搞好职工培训，让职工接受新的企业文化。培训是促使文化塑造与变革的一个重要的策略。在文化变革的实施计划安排就绪后，就要督促职工参与培训、学习，让全体职工接受培训。通过专门培训，让职工知道什么是企业文化，企业文化有什么作用，企业为何及如何实施文化塑造与变革，新的企业文化对职工有什么新的要求，认识企业现有文化状态与目标文化的差距。还可以利用广播、闭路电视、标语、板报等各种舆论工具，大力宣传企业的价值观，使职工时刻都处于充满企业价值观的氛围之中，通过反复的群体谈话、自我谈话和自我控制、自我实践和耳濡目染，使企业文化渐入职工心中，使职工不断深化对企业文化的理解和贯彻，如同鸟儿为了高飞而不断地扇动翅膀，练习和增强飞行本领。

五是宣传和传播企业文化。主要形式：广告——通过电视广播等媒介，用生动的语言来宣传企业形象，提高知名度。新闻报道与专题研究文章——具有信息量大、可信度高、说服力强、对上层人物影响深等优点，是提高企业美誉度必不可少的手段。展览展销会——以实物加上讲解、操作等，向公众展示自己企业形象的手段最有说服力。接待参观——敞开企业大门，热情接待外界人士来参观，是全面传播企业整体形象、消除社会公众对企业误解的好方法。提供咨询服务——由单个或多个企业集资组织，确定一定的时间和场所，为公众提供咨询服务结合起来了。赞助——企业赞助社会公益事业、文化体育活动和学术研究，既是为本企业优美形象增添光彩，也是提高企业美誉度的形象传播。

第四是巩固。价值观的形成是一种个性心理的累积过程，这不仅需要很长的时间，而且需要给予不断强化。人们合理的行为只有经过强化以肯定，这种行为才能再现，进而形成习惯稳定下来，从而使指导这种行为的价值观念转化为行为主体的价值观念。

因此，要通过长期的调整和印记，将企业文化逐步深入并扎根职工心灵。要加强民主管理，鼓励职工参与企业的生产经营决策活动，从各方面强化职工的企业意识；要重视和完善文化网络，注意发挥各种协会、联谊会、兴趣小组等非正式组织的作用，使之起到交流信息、密切关系、寓教于乐的作用；要时刻注意树立良好的企业形象，对外扩大和强化企业的影响，对内产生积极的心理暗示，激发职工的归属感、自豪感、责任感和自信心。还要加强对企业文化建设的考核。考评内容应是企业文化的具体化和形象化，职工晋升时，要考虑他是否与企业文化相融合，对于那些没有好好工作，并难以和企业文化融合的人员离开企业，让职工明白企业在鼓励什么、反对什么，对职工行为实施强化时要注意几点：①应具有针对性，使被强化者能从中体会到更深更广的意义，例如合理行为被肯定，也就是得到了社会的承认，被强化者就会有一种成就感，激励他的合理行为的再生。②应考虑反馈信息的获得，也就是预测强化的作用。③注意强化的时效性，要及时强化，这样才能给人以深刻的印象。④强化手段的选择要因人而异。要把精神激励与物质激励结合起来，要考虑被强化者的需求，这样才能效用最佳。行为通过不断强化而稳定下来，人们就会自然地接受指导这种行为的价值观念，使企业的价值观念为全体职工所接受，形成优良的企业文化。以强制性措施推行变革，这取决于外部环境的变化程度。如果外部环境变化剧烈，企业职工一时又难以接受新的价值观念，在这种应急情况下，企业领导者也可以强行变革，以保证企业对外界的适应能力。

二、培育企业文化的方法

创建和培育企业文化，目的是将企业理念渗透到职工的心灵，成为企业共同的价值观和职工的共同心态。目前普遍采用的培育方法，主要有反复法、翻译法、环境法、游戏法和英雄式领导法。

第一，反复法。通常是将企业理念精简提炼成四语化，印成小册子，或书写成标语，采用"唱和"的方式，组织职工定期定时朗读，甚至由主管摘录其中一段当众朗诵，或结合实际进行演讲。如松下公司每天早晨8点组织职工齐声背诵松下的七种精神。

第二，翻译法。结合自己的切身体验，接受和阐释对企业理念的理解和体会，把企业理念与自己的具体思想和工作有机结合起来。

第三，环境法。将企业理念可视化，如以图案象征企业理念，做成牌匾、壁画，放置在有关场合，与企业环境相适应。

第四，游戏法。运用仪式或游戏活动传播企业理念，如董事长组织运动会、专项体育比赛、团体旅游等，通过具体活动宣传企业理念，增强凝聚力。

第五，英雄式领导法。利用领导和模范人物的言行作示范。采用英雄式的领导法，是向人们昭示：企业职工只要积极努力，就会像眼前的英雄得到荣誉和奖赏一样，即使不能完全一样，也应当比较接近。

此外，培育企业文化还要注意的是：

1.培育企业文化要十分重视发挥企业模范的作用

企业家是企业文化的第一设计者，也是第一身体力行者、第一实施者、第一宣传者。创建和培育企业文化应该由高层开始，新世纪的企业家要从自身做起，为企业创造这种无形的竞争力①。北欧航空改造时，总裁拆掉豪华办公室的隔间，拎着公文包到各个航班亲自体验客户的感受。在领导层无声的言行影响下，公司在极短的时间内便从老态龙钟的官僚气氛转变为行动至上的服务精神。由此可见，企业领导的模范行为在整个企业行为中占有重要的地位。在具有优秀企业文化的企业中，最受人尊敬的是那些集中体现了企业价值观的企业模范人物，他们的行为常常被职工作为仿效的榜样。所以，他们的一言一行对企业文化的推广具有直接的影响。

企业模范可以按不同的类型划分。美国学者把企业模范分为共生英雄和情势英雄。共生英雄是优秀的企业创建者，也是企业的所有者，一辈子为企业呕心沥血，是企业模范中的最高层次。按企业模范的行为类型划分，又可分为领袖型、开拓型、民主型、实干型、智能型、坚毅型和廉洁型。这几种企业模范不是彼此孤立的，常常是兼而有之。他们对推广和培育企业文化起到了十分关键的作用。

2.培育企业文化要选择适当的模式

我国经济发展具有不同的模式，例如民营经济的发展就有"温州模式""苏南模式"和"珠江三角洲模式"等，同样我国的企业文化建设也形成了各具特色的不同构建模式。根据现状可以概括为以下五种基本模式：

---

①郭亮.深入推进企业文化建设为企业高质量发展提供精神力量[J].畜牧产业，2023(12):24-30.

第一，以青岛海尔集团为代表的"三层次说"的企业文化构建模式。将企业文化分为三个层次，最表层的是物质文化，即表象的发展速度、海尔的产品、服务质量等等；中间层是制度行为文化；核心层是价值观，即精神文化。海尔人以创新为价值观，构建了先进的精神文化，包括海尔理念、海尔精神、海尔作风和海尔目标等；以此为核心构建了制度行为文化，如"OEC管理法""SST市场链机制"和"6S大脚印"等管理法则等，在此基础上培育了现代文明的物质文化。

第二，以北京市企业文化建设协会为代表提出来的"一本三涵"模式。即"以人为本"，它体现了现代企业文化管理的主旨；"讲求经营之道"，强调了企业理念与经营战略相结合；"培育企业精神"，涵盖了企业规章制度、企业作风和企业道德的建设内容；"塑造企业形象"，综合了产品形象、服务形象和职工形象等的建设发展要求。

第三，以广东太阳神集团为先行代表的CIS构建模式。从企业的理念识别系统、行为识别系统和视觉识别系统三个层面培育企业文化。随着市场经济的发展和企业文化的推广，不少企业还出现了将CIS的营销战略提升为企业文化战略的趋势。

第四，以上海宝钢集团为先行代表的"用户满意工程"（即CS，顾客满意战略）的构建模式。它以企业理念的满意为先导，以产品和服务满意为重点，将企业管理文化与经营文化融为一体，开拓了企业文化建设的新型模式。新版ISO9000系列提出了顾客满意度的指标，也将会从质量保证体系上推进这种模式的实施。

第五，以山东黄台火力发电厂为代表的"三维立体"的构建模式。以企业文化为主体，将厂区文化、社区文化和家庭文化融为一体。这种模式具有特殊性，仅适用于厂区和社区连为一体的企业，但对于加强精神文明建设具有重要的意义。浙江横店集团、江苏华西集团等企业的经验都证明了这一点。

以上五种企业文化建设模式都是根据企业及其环境的特点创立的，都是成功有效或比较成熟的企业文化建设经验，在我国企业界得到了广泛的认同或效法。其他企业的文化建设具体采用哪种形式，要从企业实际出发，既要借鉴别人，又要积极创新。

3.培育企业文化要考虑自身的特点

要确立企业的核心价值观，培育具有特色的企业文化，一定不能照抄照搬别人的企业文化，而要针对企业自身的特点进行精心设计。

首先，根据企业性质确定企业文化的类型。企业文化可以按照行业特点，划分为攻坚型、强人型、过程型和"拼命干、尽情玩型"四种文化。攻坚型文化主要适宜石油、航空等高风险、反馈慢的企业，核心价值观应该体现深谋远虑，有远大志向；强人型文化主要适宜IT、广告、影视、出版等高风险、反馈快的企业，核心价值观应该体现坚强、进取、乐观和追求卓越；过程型文化主要适宜银行、保险、公共事业等低风险、反馈慢的企业，核心价值观应该体现稳定保守、谨慎周到；拼命干、尽情玩型文化主要适宜房地产、餐饮、批发等低风险、反馈快的企业，核心价值观应该体现视客为友、服务周到。

其次，要考虑企业的成员构成。不同类型人员的组合会影响企业文化的形成。每一个人都有自己的价值取向，个人的价值观与企业的核心价值观是相融互补还是相斥，关系到企业的核心价值观能否为每一个成员所接受。企业成员在企业中的地位以及与上下左右之间的关系也很重要，影响力大以及人际关系好的成员对企业文化形成的作用就比较大。企业在选择核心价值观时，应认真分析研究人的因素。

最后，要考虑企业外部环境。包括政治、经济、民族、文化、法律等方面。这些因素都会影响企业成员的思想意识和行为。企业只有在认真分析研究各种相关因素的基础上，才能确定既体现企业特征，又为全体企业职工和社会所接受的价值观。

第五章　建设健康的企业文化

第一节　消除病态文化

在培育和创建企业文化时，特别要警惕和消除病态文化。当前，不少企业或多或少地存在一些病态文化，主要有如下症状：

第一，无文化。有企业就有企业文化，这是客观事实。所谓无文化主要是指企业有十分系统和严明的规章制度，规定了职工必须怎样做和不能怎样做，但没有明确的文化理念和价值倡导，疏于对职工的教育与培训，企业的生产经营及其他活动缺乏文化底蕴和定力。企业通常活力不够，死气沉沉。

第二，愚民文化。常见于那些领导人专权或者经营出现问题的企业，主要表现在领导人极端强调某种价值观念，推广和教育的手段过激。产生的原因是领导人希望在企业内部实现个人崇拜或者希望掩盖某种事实真相。这类企业通常易产生盲目崇拜或者对领导人噤若寒蝉的情况。

第三，理想文化。常见于以年轻人为创业主体的新兴企业，往往会提出一些不切实际的远大抱负和文化理想，倡导的理念中会有种超出企业范围、改造世界的使命感。这种文化中"大而空"的口号使人们可望而不可即，宏伟、统一的崇高目标缺乏实实在在的客观基础。此类现象产生的原因多数是因为领导人具有过于远大的人生理想和缺乏务实的工作精神。企业职工通常表现为激昂澎湃，而对眼前的险恶形势和今天该干什么可能有些茫然。

第四，高压文化。这种文化对成员一味实行优胜劣汰的考绩制度，要求成员只许成功、不许失败，由于驱动力太强，造成重压，在诱人唯利是图的同时，又诱人作假，做假账，虚报收入、隐瞒债务，有些公司做假账的压力往往压倒了"严格"控制的说辞，冲击或削弱了原有的制衡机制和规章制度，作假等违规行为可以放任自流，公司成为"用纸牌搭起的房子"。安然公司的毁灭就是这种文化导致的。

第五，"结果"文化。这种文化往往重视结果，不重视过程，忽视对过程的管理，特别是对人的轻视。不注重人力资源的开发、配置和使用，个人卓越占上风，团队精神遭摒弃，往往是暂时可能有好的结果，而长远不会有好结果。

第六，惰性文化。其主要表现是求稳怕变、不思进取。根源是满足现状，没有危机感，没有责任感、使命感，不求进取、没有远景，得过且过、凭感觉走，麻木不仁、不知所措，走向失败、温水煮青蛙。

第七，跟风文化。不从实际出发，不考虑自己的能力与需求，往往是上级要求干什么就干什么，其他企业干什么挣钱就干什么，别人做大他求大，别人搞多元化他跨领域经营，别人成名他造名，别人聚才他揽才，没有思路，没有主见，没有计划，如同"傻子过年——看隔壁"，结果只能是邯郸学步。应该看到，一个企业文化是企业特有的、传统的、共有的、约定俗成的价值观，绝不同于其他任何一个企业的文化。企业文化不能简单地"复制""克隆"。

第八，"赌博"文化。企业经营是有风险的，因此可以得出一个公式：企业=赢利+风险=保命（基本）+保发（赢利）+保大（风险）+保面（文化）。有些企业过分强调冒险，认为放大风险=放大利润，舍弃理性思考，常常抱有赌博侥幸心理，为谋取巨额利润急功近利以求一夜暴富，盲目拍板，孤注一掷，铤而走险，结果是决心愈大失败愈惨，结局是"过把瘾就死"，甚至没"过把瘾"也死。这几年，企业兴起"三区"理论，将企业经营分为保命区、形象区和风险区。但各区的经营比值不同，所得结果也不一样。企业的保命区所占比值大于50%，风险区所占比值在20%～30%，企业成功的概率要大一些。而企业的风险区所占比值一旦大于70%，企业经营就近似于赌博了，其结局则是要么鱼死，要么网破。有些企业创业时比较谨慎，当挖到第一桶金的时候，创业者在企业中享有的威望也是空前的，再加上社会各界的赞扬，这个创业者便会产生"大跃进"和暴发户心理，胆子越来越大，认为自己什么都会做、什么都敢做。

第九，救火文化。长期信奉"亡羊补牢，犹未晚矣"，而对未雨绸缪却重视不够，结果往往是穷于应付"补牢"，产生的效应是：领导接待排队请示救火方法的职工—职工救火—领导指挥救火—企业耗尽资源—职工情绪沮丧—领导没有时间思考战略、策略、文化，无法根除"火灾"隐患—老问题未排除、新问题又产生，事故频繁—不断地"亡羊补牢"、救火灭火—企业出现危机。

产生救火文化的根源在于企业没有抓大事的习惯，缺乏严格的管理制度，上层领导指挥不当；业务发展过快，工作有头无尾，职工超负荷工作；组织机构复杂重叠，部门之间推诿扯皮；职工素质不高，工作敷衍，业绩滑坡；机关与中层管理不善，急事重于大事，老问题重复发生，出现危机的频率提高、节奏加快，危机接连爆发。

病态企业文化的表现形式是多样的，产生的缘由也不尽相同，总的来看有三条：一是公司领导层对企业文化建设缺乏认识，重视不够，自以为是，跟着感觉走；二是公司领导层素质不高，缺少领袖型人才，穷于应付事务，没有战略思考；三是公司领导逐渐丧失自知之明，唯我独尊，自以为是，过分集权，过分官僚，窒息了内部的创新和创造思想。

第二节　培育健康文化

一、健康文化的类型

不少企业在消除病态文化的同时，积极寻求和培育健康向上的企业文化。主要的类型有：

（一）学习文化

企业由于有很强的危机意识和忧患意识，十分注重学习，不断获取新的知识和经验，经过不断的综合与提炼，实现企业创新，推动企业前进。

企业=危机意识+学习组织+创新组织

进入21世纪，学习与创新是企业文化的主旋律，也是企业必备的一种能力，谁善于学习与创新，谁就能够超越自己、超越别人。因此，学习与创新对企业是非常重要的，尤其是在一些特殊时期，更需要学习与创新，如企业有意外成功或失败时，现实与设想不一致时，需要改变工作程序时，发现产业结构和市场变化苗头时，新知识、新科技出现时，队伍结构变化时，认知程度变化时等。

（二）应变文化

随着计划经济向市场经济的转变，企业面临的外部环境在变，内部的各种因素在变，企业面对重新洗牌，各种游戏规则也在变，企业仅维持原有的企业文化已很不适应，必须高度重视企业文化建设，坚持在发扬石油企业文化传统的基础上进行企业文化创新，使其在相关知识、发展愿景、价值取向、经营战略、企业精神、道德准则和行为规范等方面更适应现代企业的特点。这是每个企业的经营者和职工需要认真面对和研究的新课题[1]。

---

①陈桂香.用核心价值观引领企业文化建设[J].上海企业,2023(11):75-77.

二、培育企业文化要消除障碍

（一）消除组织障碍

就决策层而言，要改变一些不良习惯：什么都靠不成文的规定，不成文就意味着随意性；对上不负责任的越级请示，对下"爱批条子"；赏罚不规范、不正常，容易激化矛盾、引发分裂。

就中层而言，要改变两种现象：对培育文化不重视、不认真；畏惧权贵，放弃责任，不坚持原则；对上口服心不服，窃窃私语，心理和步调不和谐。

就基层而言，要克服麻木性和盲目性：对企业文化建设不用心、不理睬；不问是非，一律执行。

（二）消除思想障碍

一是要解决企业文化"不好用""不会用"的问题。有些人认为企业文化是虚无缥缈的，好听不好用。其实，企业文化虽然多数是看不见的精神，但看不见的精神时常比看得见的物质更重要。朱镕基同志说过："我们在家里就看到了日本电器的先进，看到了日本在技术领域的先进，但没有看到他们在技术先进的背后，正是管理的先进，但它却是公认更重要、更根本的。"他所说的管理的先进，实质上是企业文化的优秀。我们再打个比方，企业文化好比是第一个馒头，不是最后一个馒头。人们往往是在吃了最后一个馒头时才立竿见影地感觉到吃饱了，但第一个馒头毕竟为最终吃饱奠定了基础。没有第一个就永远没有最后一个。

二是要解决华而不实的问题。我国有的企业对于形式上热烈、面子上光彩的迷恋几乎到了登峰造极的地步，而对脚踏实地地做事却重视不够，直接影响企业的生存与发展。所以，在1998年《中外管理》杂志社召开的官产学恳谈会上，日本80多岁高龄的管理专家镰田胜语重心长地告诫中国企业家："把该做的事做好"比什么都重要。

三、要着眼于打造长寿的企业文化

企业长寿的根本在于铸造长寿的企业文化。长寿的企业文化是靠对真、善、美的执着追求，靠理论与实践相结合，具有企业个性的经营理念，而不是靠耍小聪明偶然想出的"点子"，也不是靠几句简单的口号"包装"的。

长寿的企业文化靠的是一把手亲自抓，层层贯彻，不要让一个机构代管或只靠一个部门来管。长寿的企业文化需要把企业的一切经营活动纳入文化建设的轨道，把企业文化渗透到各项生产经营活动之中，甚至连表扬奖励也不要简单地论功行赏，而要挖掘和寻找功绩背后的动力源。

长寿的企业文化要求企业领导层人事变动要保持文化的相对连续性。经过多年艰苦培育的优秀企业文化，不能因为企业领导层人事变动而毁于一旦。因此，企业在选拔和任用新领导者时，要考虑到新的领导者对企业文化的认同程度，最理想的新领导者应该是既能继承，又善于创新，而不是全盘否定、标新立异。

四、必须全员全方位培育企业文化

文化是管理的基础。企业要解决好生存与发展的问题，在激烈的市场竞争中延年益寿、青春永驻，必须加强企业文化建设。由于企业文化涉及面宽，是一项系统工程，企业文化建设不能只靠厂长、经理亲自抓，也不能只抓某一两个方面，必须全员全方位地抓、深入持久地抓，按照美国著名管理学者彼得·圣吉在《第五项修炼》一书中指出的那样，围绕树立科学精神（包括团队学习、调整心智模式、自我超越、确立共同愿景、系统思考）、打造企业精神、校正经营理念、增强团队意识、竞争意识和创新意识等方面，积极培育和塑造企业文化，并不断总结与探索，达成共识，养成习惯，形成具有特色的长寿文化。

第三节 企业文化建设的误区及应对策略

随着我国改革开放的进一步深入，在引进外资、先进技术和管理的过程中，企业文化作为一种管理模式也被引入我国。从20世纪80年代末到90年代初，许多企业风起云涌地建立企业文化，在全国掀起了企业文化的热潮。总的来看，企业文化建设成效卓著，但由于是初创时期，难免存在一些误区：

一、注重企业文化的形式，忽略企业文化的内涵

我国企业文化建设中突出的问题就是盲目追求形式而忽略内涵。有些企业简单地模仿外资企业管理和企业文化方式，热衷于开展文艺活动、喊口号、统一服装、统一标志，有些企业还请广告公司做CI形象设计，以为这样就有了自己的企业文化。当然，这些都是塑造企业文化的必要做法，但只是一般做法。由于忽略了这些外在形式的内涵和基础，往往给人一种误导，似乎企业文化就是文化娱乐活动或企业形象设计。直到20世纪90年代中期，我国的企业文化热才逐渐降温，许多在当时企业文化热中涌现出来的明星企业也纷纷星辰陨落。而这些问题在当时并未能引起足够的重视。其实，企业文化的核心是基本理念，是价值层面，其次是行为规范和行为方式层面，位于表层的才是企业文化活动和企业形象设计等企业文化的表现方式，如各种符号、英雄、活动等。而企业文化的基本内涵是将企业在创业和发展过程中的基本价值观灌输给全体职工，通过教育、整合而形成的一套独特的价值体系，是影响企业适应市场的策略和处理企业内部矛盾冲突的一系列准则和行为方式，包括价值观、世界观、经营理念等。将这些理念和价值观通过各种活动和形式表现出来，才是比较完整的企业文化。只有表层的形式而没有内在价值与理念的企业文化如同花拳绣腿，毫无意义，对企业的发展难以形成文化推动力，产生不了深远的影响。

二、将企业文化等同于企业精神，使企业文化脱离企业管理

有些企业把企业文化建设理解为塑造企业精神或企业圣经，与企业管理没有多大关系。这种理解是很片面的。其实，企业文化就是以文化为手段的管理。企业是从事生产经营的实体性组织，不同于教会的信念共同体。企业精神、价值观念、经营理念等精神因素对企业的发展固然有着重要的作用，但这种影响渗透于企业管理的体制、机制、经营策略之中，贯穿于企业经营活动和企业管理的每一个环节之中，并与企业环境变化相适应，因此不能脱离企业管理。

三、将企业文化视为传统文化在企业管理中的直接运用

有些企业认为企业文化就是用文化管理企业，有的认为应该用儒家学说来管理企业，还有的认为应该用道家学说来管理企业，众说纷纭，莫衷一是。应该说，用中国传统文化指导企业管理会产生一定的积极作用，但是，如果是简单地照搬，而不考虑当代市场经济环境、当代人的心理去改造、去创新，是难以适应形势变化的。所以要区分传统文化中的积极因素和消极因素，不能简单行事。企业文化不是对社会文化的玩赏，而是用文化的氛围和文化价值去管理企业，为企业、为社会创造价值。

四、忽视企业文化的创新和个性化

企业文化是某一特定文化背景下独具特色的管理模式，是企业的个性化表现，不是标准统一的模式，更不是迎合时尚的标语①。纵观许多企业的企业文化，方方面面都大体相似，缺乏鲜明的个性特色和独特的风格。其实，每一个企业的发展历程不同，企业的构成成分不同，面对

①李婷婷.加强企业文化建设,助推企业转型发展[J].中外企业文化,2023(10):130-132.

的竞争压力也不同，对环境作出反应的策略和处理内部冲突的方式都会有自己的特色，不可能完全雷同。同样属于日本文化，索尼公司的企业文化强调开拓创新，尼桑公司的企业文化强调顾客至上；同样属于美国文化，惠普公司的企业文化强调对市场和环境的适应性，IBM公司的企业文化强调尊重人、信任人，善于运用激励手段。这说明，企业文化是在某一文化背景下，将企业自身发展阶段、发展目的、经营策略、企业内外环境等多种因素综合考虑而确定的独特的文化管理模式。企业文化的形式可以是标准化的，但其侧重点各不相同，其价值内涵和基本假设各不相同，而且企业文化的类型和强度也都不同。因此，培育企业文化应该注重个性化特色，不要看到别人的好就盲目抄袭，而要从本企业的实际出发。

五、把企业文化当作思想政治工作

有些企业认为，企业文化就是原来的思想政治工作，感到企业文化与思想政治工作没有什么区别。实际上，思想政治工作属于意识形态方面，而企业文化则包括三个层次或者说三种形态的文化：实体形态文化、关系形态文化、理念形态文化。思想政治工作与理念形态文化有相通之处，又有明显区别，与实体形态文化和关系形态文化的区别更大，如果把思想政治工作等同于企业文化，就缩小了企业文化的范围，甚至会把企业文化搞成形式主义，变得面目可憎。

有些企业的文化建设之所以走入误区，其原因可以从以下三个方面来分析：

第一，从经济基础来看，我国的企业发展规模尚未达到工业化的高级阶段。企业文化现象之所以在经济发达的欧美和日本迅速发展，与发达国家的经济已经完成了工业化、进入后工业化的阶段有关。企业文化作为一种较高级的文化管理模式，它需要企业发展到一定规模和一定阶段，才能将原有的价值、理念整合成独具特色的管理模式和经营方式。很难想象小作坊和路边快餐店能塑造出整合程度高、有特色的企业文化，事实上也没有必要。许多优秀的企业文化都出现在有一定实力的大集团、大企业中，因为这些企业都发展到了一定的规模，需要用文化价值来进行整合。而且，这些企业有高素质的管理层，有明确的发展方向，有充裕的资金投入，所以有能力塑造自己独特的企业文化，这样的企业文化也才能够对企业发展产生推动作用。因此，发展我国的企业文化需要与之相适应的经济基础，企业要明确自己所处的发展阶段和发展目标，而不要盲目追求建设企业文化的形式。

第二，也有其社会原因。企业文化、企业创新表面上看起来是企业自身的问题，然而，如何从总体上把握企业文化的发展方向，如何促进企业文化的发展，这就涉及社会引导、社会支持、社会评价和社会激励等许多社会因素。政府对企业文化的发展现状做何判断，对下一步的发展目标做何预期，又如何实施，我国企业文化具体的发展方向是什么，政府、社会、企业和研究机构分别在企业文化的发展过程中究竟起何种作用，这几个方面又如何协调并共同促进企业文化的发展等等，这些问题不是靠简单的舆论引导和空喊口号能够解决的。首先，政府一方面要加强体制改革，为企业文化的创新提供充分的伸展空间。另一方面要从政策和舆论方面引导企业优先发展自己的经济实力，在达到一定规模的基础上塑造独具特色的企业文化，而不是盲目追求形式、赶时髦。其次，社会应当通过一定的评价机制，对企业文化作出客观公正的评价。鼓励企业文化的创新，促进企业文化对社会文化的发展作出贡献。最后，研究机构和企业咨询机构应当为企业文化的发展提供必要的技术支持，用科学的理论指导企业文化建设的实践，使企业文化更能反映企业自身的价值观，在表现形式上更具个性化。

第三，企业文化建设走入误区，反映出我们对企业文化的实质和企业文化发挥作用的内在机制理解得还不够深入，这是由于在我国企业文化的建设过程中，直接引进了企业文化的管理形式，而对企业文化的内涵、实质及适用条件等缺乏认真细致的研究，致使人们对企业文化与社会文化的关系、企业文化与企业管理的关系、企业文化的表层形式与企业文化实质的关系等问题的基本理解上出现了偏差。与国外20世纪80年代关于企业文化理论研究到90年代应用研究的迅猛发展相比，我国的企业文化研究显得十分薄弱，表现在：首先，我国的企业文化研究还停留在粗浅的阶段，虽然也有一些关于企业文化的研究，但是大多数是以介绍和探讨企业文化的意义及企业文化与社会文化、企业创新等的辩证关系为主，真正有理论根据的定性研究和规范的实证研究为数甚少；其次，中国企业文化研究严重滞后于中国企业文化发展实践，许多企业在塑造企业文化时主要是企业内部自己探讨，有些有专家学者的介入和参与研讨的企业文化，就明显地好于没有专家指导的企业。但是由于许多专家在参与塑造企业文化的过程中对该企业文化发展的内在逻辑、企业文化的定位、企业文化的变革等问题缺少长期深入系统的研究，许多企业文化实践缺少真正的科学理论的指导，缺少个性，因此难以对企业长期发展产生文化的推动力。

　　纵观国外企业文化的发展过程和我国企业文化发展过程中出现的问题，进入21世纪，我国的企业和我国的经济面临着前所未有的挑战，我国的企业和企业管理也面临着与国际化接轨的严峻课题，既要面临同行业企业间的激烈竞争，同时又面临着全球化经济和网络时代所带来的挑战。在这样的形势下，企业文化的创新已成为企业创新不可分割的重要组成部分。要发展有中国特色的企业文化，就需要从理论和实践两个方面来把握我国企业文化的发展方向，加强企业文化的研究，提出有中国特色的企业文化理论，要加强企业文化建设实践中的科学理论指导，只有这样，才能使我国企业文化的发展适应于改革开放的需要，适应于我国的现代化进程。具体需要把握好以下三个方面：

　　第一，要加强企业文化研究。从国外企业文化现象的发现到企业文化研究几十年的迅猛发展来看，他们走的是一条理论研究与应用研究相结合、定性研究与定量研究相结合的道路。20世纪80年代中期，在对企业文化的概念和结构进行探讨之后，便马上转入对企业文化产生作用的内在机制，以及企业文化与企业领导、组织气氛、人力资源、企业环境、企业策略等企业管理过程的关系的研究，进而对企业文化与企业经营业绩的关系进行量化的追踪研究。定量化研究是在企业文化理论研究的基础上，提出用于企业文化测量、诊断和评估的模型，进而开发出一系列量表，对企业文化进行可操作化的、定量化的深入研究。21世纪中国企业文化的研究应该坚持理论研究与应用研究相结合、定性研究与定量研究相结合的原则，主要侧重于以下三个方面：①在中国文化背景下，探讨中国企业文化的基础理论，研究企业文化与中国传统文化和当代社会文化的关系、企业文化与企业管理、企业环境、企业发展和企业创新的关系等，提出有中国特色的企业文化理论；②加强企业文化的应用研究，关于企业文化的测量、诊断、评估和咨询的实证研究，在此过程中推动企业文化实践的发展；③加强企业文化的追踪研究，企业文化的塑造不是一次性完成的作品，它要随着企业的发展和变化而作出及时的调整和改变，才能对企业的长期发展产生深远的影响。所以对企业文化进行追踪研究的价值是不可低估的。

第二，要正确处理好企业文化与社会文化的关系。企业文化作为社会文化的一个组成部分，它既是社会文化变迁的缩影，又通过其新技术、新产品所倡导的理念引导市场潮流，引领社会时尚，改变人们的生活方式，改变人们的观念，从而为社会文化的发展注入新的活力，丰富社会文化的内涵。社会文化对企业文化产生影响的途径之一是通过企业家这个载体，将其在长期社会生活中形成的关于人性的基本假设、价值观、人生观和世界观运用于企业发展和企业管理过程中，形成独特的、相对稳定的行为准则、行为规范、企业内部的文化氛围和企业产品的文化品位。这是社会文化渗透于市场经济运作过程的一种重要形式。一种开放的、适应性强、鼓励创新的企业文化很明显是多数成功企业不断进取、不断创新的源泉和基础，而这样的企业文化来源于企业家对社会发展方向的把握，来源于企业家对传统文化的影响和对当代社会文化变迁过程的深刻理解，来源于企业家在长期的社会生活中所形成的观念和素质。没有这些对社会生活的深厚积累，要塑造一个优秀的企业文化并把握其发展是比较困难的。社会文化对企业文化发展产生影响的另一个途径是对市场和社会环境的渗透。不同的社会文化会影响人们对市场的价值选择和对市场的适应性，社会文化的变化也会引起人们在价值选择相对市场的适应性方面的变化，影响人们对产品的认同程度和心理需求。例如，进入20世纪90年代以来，我国城镇居民的消费观念由原来的注重产品本身的使用价值转变为在严格对待产品质量的基础上，更加关注产品的品牌、售后服务、环保性能和更新换代的前景，产品和服务的个性化、多样化越来越受到人们的普遍欢迎。因此，企业在塑造自己企业文化、确定企业经营理念时，一定要把握社会文化变化的趋势，在产品的目标定位、企业的经营策略、新产品的研究与开发方向上作出相应的调整，使产品、经营和社会文化之间产生协调与兼容，在此基础上，企业为社会提供的就不仅仅是一种产品，而是一种文化。

第三，注重企业环境变化对企业文化发展的影响。21世纪是个快速变化的时代。企业环境包括企业的技术环境、人力资源环境、金融环境、投资环境、市场需求环境等，这是企业发展所依存的客观环境，直接影响着企业的短期效益和生存，力度较大。此外，还有政策、法制、社会评价、公平竞争、社会信誉等主要由人为因素控制的社会发展软环境，对企业文化发展的影响看起来较为隐含、较为间接，然而实际上对企业长期的经营业绩和企业的竞争力有着潜在而深刻的影响。这些环境因素在21世纪会呈现出更加复杂的联系和难以想象的变化，企业要立于不败之地，就要在其发展战略、经营策略和管理模式方面及时作出相应的调整，企业文化的内涵也要反映出环境的复杂性和紧迫性所带来的挑战和压力，对企业内部要保持较高的整合度，对外要有较强的适应性，通过对企业主导价值观和经营理念的改革推动企业发展战略、经营策略的转变，使企业文化成为蕴藏和不断孕育企业创新与企业发展的源泉，从而形成企业文化竞争力。

任何一种管理模式都有它适用的条件，都有其利与弊。企业文化作为一种文化管理模式也是如此。企业文化现象之所以于20世纪80年代在美国和日本引起重视，这是日美经济社会发展到一定阶段的产物，同时也与西方社会后工业阶段的现代化进程有着密切的关联，它代表了西方管理理论发展的一个趋势。因为一种管理模式不可能脱离与之相匹配的生产方式和社会文化的发展，所以，要正确看待国外企业文化形成和发展的社会经济条件，不要简单地肯定或否定某种管理模式的有效性，而应将其放置于中国传统文化的变革之中，结合我国的现代化进程，才能把握我国企业文化发展的趋势。

总之，发展我国的企业文化一定要立足于中国文化的背景，结合我国企业管理实践和现代化进程，同时也要借鉴国外关于企业文化研究的理论和方法，建设有中国特色的社会主义的企业文化。

第四节　加强企业文化建设的研究和探讨

万事万物都是变化和发展的，企业文化也不例外。据有关专家分析和预测，企业文化在新经济时代将出现七种发展趋势，需要我们及时研究，积极适应这种变化。

一、企业文化要适应"结盟取胜"新战略发展趋势的要求

进入新经济时代，企业实施"协作竞争、结盟取胜、双赢模式"的网络型战略，优势企业抱成一团，将越来越普遍，目的是降低成本、抵

御风险，巩固和扩大市场份额，不被竞争对手挤垮，或者使对手实力受创。虽然联盟的责权关系是宽约束，但从本质上讲，是企业界组织制度和经营机制的一种创新。

"协作竞争、结盟取胜、双赢模式"是美国著名的麦肯锡咨询公司提出的21世纪企业发展的新战略。自20世纪80年代以来，这种战略从形式到内容，都发生了巨大变化，结盟、兼并、接管的事例层出不穷。企业联合、兼并重组的过程中，不能只从经济和财力方面考虑问题，更重要的是要注重文化方面的差异。一般来说，各个企业都有各自的文化特征，发展愿景、经营理念、队伍素质等各有不同，所形成的企业文化也必然各具特色、互有差异。如果没有企业文化的融合，就会出现"貌合神离，形连心不连"现象。所以，只有做到博采众长、扬优避劣、达成共识，形成"结盟取胜、双赢模式"型的企业文化，企业才更具生命力、凝聚力和竞争力。要做到这一点，必须注意以下两个方面：首先，要遵循从实际出发的原则，根据联合兼并企业的不同情况区别对待。其次，双方都应注意克服排斥对方的自大心理，加强相互了解、交流与融合，吸纳对方文化的精华，形成更为优秀的企业文化。

二、企业文化与生态文化的有机结合

生态文化是一种新型的管理理论，包括生态环境、生态伦理和生态道德，是关于解决人与自然关系问题的思想观点和心理的总和。生态文化属于生态科学，研究的是人与自然的关系，体现的是生态精神。而企业文化则属于管理科学，主要研究人与人的关系，体现的是人文精神，但本质上二者属于一种研究方式，都是运用系统观点和系统思维方法，从整体出发进行研究；都强调科学精神，即实事求是，努力认真地探索；从狭义角度来看，都是观念形态文化、心理文化，而且都以文化为引导手段，以持续发展为目标。而且，企业文化的培育，在诸多方面需要以生态文化与之结合。因为，第一，大部分企业在企业文化建设过程中，重视了人的价值，却忽视了对周边环境的影响，造成了环境的恶化，使末端治理付出了沉重的代价；第二，现代消费者更青睐绿色产品，企业也想通过"绿色浪潮"提高产品的生态含量；第三，企业要实现可持续发展，"生态化"是其必由之路，生态文化融入企业文化后，不仅可扩大企业文化的外延，而且有利于企业树立良好形象[①]。

三、注重企业精神与企业价值观的人格化

价值观是企业文化的核心。企业要努力培育"生死与共"的价值观，使企业全体职工增强主人翁意识，能与企业同呼吸、同成长、同发展，将企业精神与企业价值观人格化，实现"人企合一"。海尔的文化建设是我国企业文化建设的典范。海尔集团极具远见，公司对职工采取形式多样的激励措施，特别是文化激励，使他们对工作始终保持新鲜感和愉悦感，责任感在无形中得到加强。

四、企业文化将从商业氛围升华出来，更重视育人

商业化管理的本质特征是以物为中心，以全面追求利润最大化为目标，忽视人的因素，在管理上强调铁的纪律、绝对服从和至高无上的权威。劳资之间变成了纯粹的雇佣与被雇佣关系。著名学者杨振宁说，"21世纪企业的竞争是人才与科技的竞争"，"中国是超越发达国家的主战场"。在新世纪培育优秀的企业文化，绝对不是片面地发掘职工体力，更重要的是注重于人的因素，发掘职工的智力资源。企业文化理论的本质特征是倡导以人为中心的人本管理哲学，反对"见物不见人"的理性管理思想，主张将培育进步的企业文化和发挥人的主体作用作为企业管理的主导环节。所以，企业不能再受商业化的束缚，要通过培育优秀的企业文化，把精力投向人，大力加强"人"的建设。

---

①蔡晖.加强企业文化建设新举措[J].人力资源,2023(20):118-121.

第六章　企业文化建设与思想政治工作融合

第一节　企业思想政治工作与文化建设融合的依据

所谓融合，就是指将两种或多种不同的事物合成一个有机的整体。文化的融合是指具有不同特质的文化通过相互间的接触、交流和沟通进而相互吸收、渗透和学习融为一体的过程。任何一种企业文化都是在吸收本民族传统文化的基础上，兼收世界各国的优秀文化，是一元与多元的融合。世界文化是丰富多彩、兼收并蓄的，许多文化形态都是多种文化相互融合而形成的。

一、企业思想政治工作同文化建设融合的内涵

加强企业思想政治工作同其文化建设的融合共建是一个系统工程，在深化企业改革过程中要发挥这个系统工程的作用，首先要对企业思想政治工作和企业文化融合共建这个概念有一个正确认识和把握，不仅要深入研究这个概念的基本内涵，还要深入了解企业思想政治工作同其文化建设这两个具体方面之间有什么区别和联系。

（一）企业思想政治工作同文化建设融合的含义

思想政治工作是按照党的宣传思想工作的原则，用马克思主义的唯

物主义的观点和方法进行宣传和教育，解决人们思想问题和立场问题，使人们摆脱各种谬误与偏见的束缚，提升人们在认识世界和改造世界方面的能力。企业思想政治工作就是对广大职工进行马列主义、毛泽东思想和中国特色社会主义理论的教育，帮助职工坚持正确的立场，树立正确的观念，提高职工生产的主动性和创造性。对企业职工开展思想政治工作，就是通过思想工作与政治工作相结合的方式，针对企业职工进行与国家、集体相关的统一教育，使党对企业的绝对领导的观念深入到国有广大职工中，从意识形态与精神状态的维度来激励企业职工的工作积极性与主动性，从而确保党在企业中的各项政治任务得以顺利实现，各项生产目标得以顺利完成。从企业的思想政治工作发展历史看，企业主要通过它的思想政治工作来实现党对企业领导的路线方针政策的宣传与落实；采用政治方式与思想工作方式对企业工作人员开展精神层面的教育与引领①。

企业文化就是企业在其生存和发展过程中逐渐形成的，以实现企业的终极发展目标为核心的，得到本企业全部职工认同，为本企业全部职工共同享有和共同遵循的基本信念、总体价值观念与行为规范的总和。企业文化是一个企业经营发展的最根本主张的集中反映，并在这些根本主张的基础上产生了推动企业不断发展的行之有效的组织行为。企业文化建设，就是紧密地结合企业经营管理的核心理念，设计和构建一种能够激励企业发展好自身的生产经营和生产服务活动，促进企业不断提高自身效益，推动企业持续健康发展的管理文化体系。企业文化就是针对企业运营管理、发展愿景、价值观念等企业自身在长期实践之中所积累与总结出的一套价值标准与行为准则，是企业管理的指挥棒。企业的改革与发展不能脱离稳固的企业经营环境的培育，企业在通过持续地挖掘企业自身的价值理念，并结合企业实际体现出差异化与特色之处，进而通过文化软实力来塑造自己的核心竞争能力。因此企业文化不仅仅是无

①李汉南.国有企业思想政治工作与企业文化建设的融合[J].现代企业,2023,(05):121-123.

形管理的约束，更能够对企业的经营管理起到激励作用。

企业思想政治工作同其文化建设相融合，就是从企业的实际情况出发，把企业思想政治工作与企业文化密切结合在一起。一方面，企业思想政治工作是企业文化建设的核心与灵魂，通过对企业职工开展思想政治工作，不断提升企业职工的政治、思想和道德素养，来保证企业文化建设的正确发展方向，为企业文化的形成与发展打下良好的基础；另一方面，企业自身的文化建设对于企业的思想政治工作来说，又是一个不可或缺的工作载体，它对于推动企业思想政治工作的发展有着其他工作替代不了的独特作用。把企业思想政治工作同文化建设很好地结合起来，在企业经营管理的各个环节中都能充分贯彻和渗透企业文化建设，在不断加强企业文化建设、努力提升企业自身的文化发展水平的同时，也要促进企业思想政治工作的进一步发展，这样才会更有效地提高企业思想政治工作的具体效果。通过把思想政治工作与文化建设融合起来，使企业思想政治工作同其文化建设相辅相成、互相补充、相互协调，在共同发展的基础上推动企业既快又好发展。企业文化建设同其思想政治工作的相融合，从根本上为企业的既快又好发展提供了一种强有力的保障。无论是从根本上加强企业的思想政治工作还是建立优秀的企业文化，最终所追求的目标，无疑是要从整体上使企业的素质有一个比较大的改观。所以，在促进企业思想政治工作的开展和推进企业文化建设的同时，要积极寻找二者相互关联和相互促进的重要方面，从二者相互关联和相互促进这些方面入手，努力促进企业思想政治工作与企业文化建设的融合，这是在新常态下企业发展和壮大的客观需要。随着我国经济领域与政治领域各项改革的持续推进，我国的政治与经济体制优势不断体现出来。国有企业改革也从早期的制度创新向当前的产权变革发展转变。产权变革的实质是混合所有制改革。混合所有制改革主要是向企业注入民营资本。这种混合所有制改革必然会对企业职工的管理方式与激励手段产生较大的影响，对企业职工的思想产生剧烈的震荡。面对这种比以往任何时候都复杂得多的发展环境，最根本的就是要想方设法地改进企业思想政治工作的方式方法，推进企业思想政治工作同文化建设相融合。企业文化讲究人本管理，强调激励与约束，重视职工满意度与职业忠诚度，将企业文化建设的理念注入企业思想政治工作中，会增强其时代性，显著提升工作效能。

（二）企业思想政治工作同文化建设的一致性与差异性

企业思想政治工作和企业文化建设的概念含义各不相同，二者之间既存在着密切的联系，又有着明显的不同。

企业思想政治工作和文化建设的相同之处体现在如下三点：从其目的看，加强和改进企业思想政治工作，全面提升企业文化建设，都是为了把企业广大职工生产的积极性充分调动起来。无论是强化改进企业的思想政治工作，还是进一步提高企业的自身文化建设，所取得的客观效果都可以不断提高企业的生产绩效和管理水平，把广大企业职工自身蕴含的各种创造性和各种主动性调动起来，在这个基础上使企业职工不断提升他们的集体荣誉感，同时也使企业职工不断强化他们的责任感和归属感，提高企业职工的凝聚力，从而不断提高企业的经济效益和社会效益，促进企业又快又好发展。从其内容看，企业思想政治工作同文化建设都把强化的重要方面和重要环节定位在企业的主体精神、企业自身的基本价值观、企业广大职工的素质和企业经营行为等几个方面。无论是全面提升企业精神，订立详细的企业行为准则，还是努力提升企业职工的整体素质，实现企业价值观与社会价值观的有机统一，都是企业思想政治工作和它自身文化建设的基础内容，也是企业思想政治工作和它自身文化建设的重点所在。从它的具体方式看，无论是企业思想政治工作还是企业自身的文化建设，都以追求实效性为出发点，努力拓展方式和渠道，创新方法和手段，以保障企业思想政治工作和文化建设活动既丰富多彩又寓教于乐，富有启发性。

企业思想政治工作和文化建设的不同之处表现为如下三点：从其内涵层面上来看，企业思想政治工作是以马克思列宁主义、毛泽东思想、中国特色社会主义理论和习近平总书记系列重要讲话为指导，从企业的现实情况出发，对企业日常改革发展和生产经营过程中所形成的各种思想认识问题和行为方式问题，给予全面而深入的疏导和解决，从而使企业职工能够心情愉悦、和谐融洽、凝心聚力地为企业发展贡献自己的智慧和力量。在企业内部对广大职工进行有规划成体系的教育。企业文化则根植于西方企业管理理论，通过营造科学的企业管理环境、构建系统的企业管理方式，进而对企业工作人员的工作态度与工作行为进行有效的激励与约束。从目的层面上来看，企业思想政治工作着眼于修正企业职工的意识形态与政治意识，通过政治工作的方式对企业职工的行为进行引导。企业文化更为看重人本管理，倾向于通过职工的自我管理与自我约束来形成无形的企业文化理念。因此思想政治工作更为客观，而企业文化建设较为主观。从其性质层面看，企业思想政治工作归根结底是一种政治色彩比较浓厚的理论教育，而企业的自身文化建设属于管理范畴，侧重为企业的经济效益和社会效益服务，政治色彩不鲜明。

二、企业思想政治工作与文化建设融合的可行性

企业思想政治工作和企业文化建设两者是相互独立的，在企业中各司其职。虽然两者的内涵不尽相同，并拥有各自的特点，但是两者具有一定的相通性和互补性，因此企业思想政治工作和企业文化建设具有融合的可行性。

（一）工作内容的互补

企业思想政治工作必须与党在思想政治上保持高度统一，因此思想政治工作的一些内容在很多企业里都是一致的，带有很强的社会共性及政治性。其内容主要包括以下几个方面：一是坚持以中国特色社会主义理论体系为指导，以学习贯彻习近平总书记系列重要讲话精神为主线，

以中国特色社会主义和中华民族伟大复兴中国梦的学习教育活动为主题，以社会主义核心价值体系建设、积极培育和践行社会主义核心价值观为己任，为不断开创思想政治工作新局面，更好地发挥智囊团和思想库的作用，当好参谋和助手，作出应有的贡献；二是开展世界观、人生观、价值观和爱国主义等的教育。三是进行国内国际经济形势教育和民主法制教育等。四是注重企业精神教育、企业制度教育和职业道德教育等。五是对职工进行有针对性的思想工作，培育职工自尊自信、积极向上的社会心态，积极践行社会主义核心价值观。其中包括端正职工的思想、疏导职工的情绪、解决职工与企业之间以及职工与职工之间的矛盾等等。

企业文化建设更多地注重企业的特色，在某种程度上体现了企业鲜明的个性特征。不同行业的企业、同行业的不同企业都必然会造就不同的企业文化，其具有独一无二的特性。那些优秀的企业，其企业文化一般都是特色鲜明、个性突出的。企业文化是由企业的物质文化、行为文化、制度文化和精神文化四个层次组成。物质文化是企业文化的外在表现，主要包括企业的标志、企业的广告、厂容厂貌、职工的服装等企业形象；行为文化是指企业管理者和职工的行为规范；制度文化指企业的组织结构和管理制度，主要以各项规章制度的形式表现出来；精神文化是企业意识形态的综合，包括企业的使命、愿景和价值观等，是企业文化的核心内容。

企业思想政治工作的内容比较单一，关注职工的政治立场和思想观念，注重职工思想道德素质的培养，企业的发展仅仅依靠它是远远不够的，但是离开它容易偏离正确的轨道；企业的文化建设注重企业形象与精神的打造、职工综合素质的提升，其紧紧围绕企业的生产经营情况开展。因此，两者的内容虽有交叉重合却不尽相同，企业文化建设是对思想政治工作的有效补充，两者缺一不可。企业的思想政治工作与文化建设同样重要，企业需要将两者并重发展。将两者进行融合，实现相互补充，可以在企业中发挥巨大的作用。

（二）方式途径的互补

企业思想政治工作主要是由一些党团组织及工会群体发起的，以提高职工的思想觉悟为目的而开展各项活动，是一种自上而下的团体活动。思想政治工作一般是通过活动直接作用于职工的思想意识和思想觉悟，使其转化为思想动力。

企业文化建设则更多地采取主动的方式，通过形式多样的活动，吸引广大职工自愿参加，其大多是由职工自发组织的活动，因而参与面更广、号召力更强。更为重要的是，企业文化建设在内建企业精神、外树企业形象的过程中始终紧紧围绕企业的生产经营状况，更容易激发职工的积极性与创造性。

在企业的发展中需要通过开展各式各样的活动来达到不同的目的。在实际的工作中可以根据活动的性质不同选择不同的方式途径来达到最佳的效果。企业开展思想政治工作一般是通过一种自上而下的方式来进行，将内容直接作用于职工，这样的方式有利有弊。企业文化建设的活动方式则大多是职工自发组织的，方式灵活多样，职工更乐于接受。因此，两者的活动方式是截然不同的，在实践中可以相互补充。在平时的活动中，根据其性质与目的选择最佳的方式途径进行，以收到最佳的活动效果。

（三）性质地位的互补

企业思想政治工作与企业文化建设的性质各不相同，必然导致其在企业中的地位差异。思想政治工作是企业一切工作的"生命线"，是保障企业始终沿着社会主义方向发展的指明灯，是推动企业发展的强大精神动力，对于优化企业环境也有着良好的效果，其价值主要体现在社会效益上。

在现代社会，市场竞争日益激烈，企业之间的竞争已经演变成文化之间的竞争，文化对于企业犹如思想对于人一样重要。企业文化是决定企业未来发展的核心力量，是保持企业长期发展的精神力量，成为企业发展的助推器，其价值主要体现在经济效益上。

在企业中两者的性质与地位是不同的，各自发挥着自己应有的作用，因此在企业发展中可以相互补充，为企业的发展保驾护航。思想政治工作可以为企业文化建设提供思想保证、精神支柱和动力源泉；企业文化建设可以利用其在企业生产经营活动中的重要地位，为思想政治工作的开展注入新鲜的活力。

三、企业思想政治工作与企业文化建设融合的必要性

企业思想政治工作与企业文化建设各有自己的优势与不足，同时两者又有着很强的同一性，可以为企业思想政治工作与企业文化建设的有效合作提供契机。企业思想政治工作必须创新，才能跟上时代的发展；企业文化建设在本土化的过程中，会衍生出一系列的问题。通过思想与文化的结合来推动企业的发展，企业发展又会催生出更先进的思想和更优秀的文化。二者的融合可以形成优势互补的双赢局面，进而促进企业的发展。

（一）保障企业文化建设的社会主义方向

企业文化理论是一种"舶来品"，来源于西方资本主义社会，带有浓厚的民族文化烙印。经过几十年的发展，在我国呈现出方兴未艾的局面，引起越来越多企业的重视。但是西方的企业文化在发展过程中只有扎扎实实地融入我国的民族文化之中，才能在我国生根发芽，否则这种管理理论在具体操作过程中会产生诸多问题。因此，如何把握企业文化建设的方向，摒弃低级、腐朽和庸俗的价值观，建设适合我国企业发展的企业文化成为当前一个亟待解决的课题。思想政治工作产生并形成于社会主义社会之中，并且吸收了中国优秀的传统文化，在我国已经形成了一整套完善的理论体系与方法体系，具有浓厚的中国特色，是我党的传统优势。因此，企业文化建设在我国的本土化发展可以依靠其与企业

思想政治工作的有机融合来完成。在企业中，从事企业思想政治工作的队伍在实践中积累了丰富的经验，我们可以充分依靠这支队伍，进一步发挥企业党组织的政治核心作用，给中国特色社会主义企业文化建设提供一支强大的生力军。因此，在建设具有中国特色企业文化的过程中，我们的企业需要更多地吸收和借鉴企业思想政治工作的本土化元素。

（二）推动企业思想政治工作方法的创新

从当初的计划经济时代到如今的市场经济时代，企业思想政治工作在我国已拥有相当长的发展时期，是我国的优良传统和重要的政治优势。但在长期的发展过程中，其优势并没有淋漓尽致地展现出来，这一切归根于企业思想政治工作并没有跟随时代的发展而变化，一些方式方法还固守传统、缺乏创新。企业文化理论来源于西方，形成于企业长期的生产经营活动中，其方法多样、手段新颖、操作生动，可以为思想政治工作增添新的活力。在职工普遍认同和乐于接受的民主与和谐的文化氛围中，将思想政治工作的内容融入各种活动之中，寓教于乐，在潜移默化中培养职工的思想意识和政治觉悟，提高职工的敬业精神和道德情操。所以将企业思想政治工作与企业文化建设有机结合，运用企业文化丰富的表现形式增强广大职工的积极性，有利于推动企业思想政治工作方法的不断创新，提高思想政治工作的针对性和实效性。

（三）拓展企业思想政治工作的运行载体

载体是思想政治工作的基本要素之一，是实现思想政治工作的中介和手段。思想政治工作内容的实施、活动的开展、任务的完成，都离不开一定的载体。在信息时代高速发展的今天，探索新载体成为企业思想政治工作创新发展的必然趋势。文化比思想的范畴更为广泛，企业文化作为现代社会一种新的管理理论，极大地丰富了思想政治工作的内容，为企业思想政治工作的开展提供了许多新形式和新方法，我们可以尝试将企业文化作为企业思想政治工作新的载体。这样不仅可以提高企业思想政治工作的有效性，而且对于团结和凝聚职工、增强企业的凝聚力和竞争力意义重大。思想政治工作者应该充分借助企业文化的优势来推动思想政治工作的改革和创新。

（四）增强企业市场洪流中的核心竞争力

企业思想政治工作的形成与发展，对于推动社会主义市场经济条件下企业的发展起到重大的作用，其经过几十年的发展已经形成了自己独特的体系，并储备了强大的力量。随着时代的发展，企业思想政治工作遇到了新的挑战和机遇，而企业文化建设在我国还需要在实践中不断探索。企业文化建设在企业中立足需要思想政治工作强有力的支持，思想政治工作的先进性在企业的施展同样也离不开优秀企业文化的一臂之力，两者对于企业的健康发展缺一不可。企业思想政治工作与企业文化建设，致力于提高职工的积极性和创造性以及优化企业的发展环境，增强企业的软实力。因此，企业思想政治工作与文化建设的有机结合，为企业发展注入新的生机和活力，而且可以形成一种新的整体优势，极大地增强企业在市场洪流中的核心竞争力。如此一来，企业的发展就会如虎添翼，不仅做到快速发展，而且确保企业健康稳定长期发展下去。

综上所述，企业思想政治工作与文化建设的融合不仅具有可行性，而且有着很强的必要性。两者的融合不仅可以优势互补，而且可以形成一种新的整体优势，增强企业在市场洪流中的核心竞争力。当然，我们要形成这样的一种独特优势，需要对两者的融合进行深入研究和探索，确保两者的融合可以沿着正确的途径发展下去，使更多的企业用实例将这种优势生动地展现出来。

第二节 企业文化建设与思想政治工作
融合的结晶

企业文化建设与思想政治工作的融合，一方面，通过利用企业文化这一特殊的黏合剂，改变了思想政治工作与企业经营管理"两张皮"的现象，使思想政治工作寻找到了一条渗透到企业经营管理中的途径和载体；另一方面，通过发挥思想政治工作在企业文化建设中的核心作用，利用和发掘思想政治工作的资源和优势来推动企业文化建设，也改变了企业文化建设长期在企业发展中的"服从"地位。两者的有机融合，结晶出一种新颖的企业管理模式——文化管理。

一、文化管理的内涵

所谓文化管理，就是把管理中的"软要素"作为企业管理中心环节的一种现代企业管理方式。它从人的心理和行为特点入手，培育企业的共同价值观和职工的共同情感，形成企业自身的文化；从企业整体的存在和发展角度，去研究和吸收各种管理方法，形成统一的管理风格；通过企业文化建设、思想政治工作等"软要素"的作用，激发职工的自觉行为和内在积极性。因此，文化管理既具有同生产力、社会化大生产直接相联系的、与企业文化建设相关的自然属性，又具有同生产关系、社会制度相联系的、与思想政治工作相关的社会属性。

二、文化管理的特征

与传统的经验管理、科学管理相比，文化管理的思想发生了根本性的改变，主要呈现出以下特征。

（一）从以物为中心的管理转变为以人为中心的管理

传统管理是以物为中心的，相对而言是一种非人性化的管理，在管理中隐含的是贬低人、轻视人、排斥人的价值取向；而文化管理实行的是以人为中心的管理，坚持尊重人、关心人、培养人、激励人，开发人的潜力，致力于提高职工的知识、智慧、能力，体现人的全面发展的要求。

（二）从经济人假设转变为自我实现人和观念人假设

在管理的人性假设前提下，经验管理和科学管理把人看作经济人，以"性恶论"为哲学基础，人仅仅被看作成本；而文化管理则把人看作自我实现人和观念人，以"性善论"为哲学基础，人不再被看作成本，而是有待开发的、潜力巨大的资源[①]。

（三）从外部控制为主转变为自我控制为主

传统管理以外部控制为主，重奖重罚是主要手段，主要依靠外部激励；而文化管理以自我控制为主，自查自律是主要手段，主要依靠内部激励，着重满足职工的自尊和自我实现需要。

（四）从硬管理转变为软管理

经验管理和科学管理的特色是纯理性管理，排斥感情因素，是以硬规范、硬约束为中心的管理，直接管人的行为，职工的一言一行都靠制度管，是典型的"法治"；而文化管理的特色是将理性与非理性相结合，强调以软约束为根本手段，直接管人的思想（信念和价值观），间接地影响人的行为，是"文治"，即以文化来治理。

三、文化管理的内在作用机理

文化管理以企业的共同价值观为核心，以企业文化的塑造为龙头，以思想政治工作的渗透为基础，贯穿于企业的规章制度、道德规范、行为风貌、审美教育等方方面面。

（一）文化管理的本质是以人为本

文化管理对人深切关注，它通过针对性的思想教育和人性化的文化

---

① 王利. 思想政治工作与企业文化建设相结合的促进作用[J]. 现代企业文化, 2022（35）：19-21.

管理完善人的意志和品格，提高人的综合素质；通过竞争性的生产经营活动强化人的竞争意识和创新意识，培育团队精神，使人获得超越受缚于生存需要的更为全面的自由发展。文化管理确立了人在管理过程中的主导地位，从而调动了人的主动性、积极性和创造性。文化管理既是对人的一种尊重，也是对人的一种激励，同时也是对人的一种发展。

（二）文化管理具有客观的影响力

虽然个人的心理、认知具有意识的主观性质，对人的行为具有重要的影响，但他人的心理、认知以及组织的精神环境对于个人来说，仍然是一种很大的客观制约因素。因此，文化管理的影响力是客观存在的，它的"软"性只是表明管理对人的行为调节要受到个人的知觉、判断和价值认同等因素的"缓冲"，并不表明它是可有可无或是主观随意的。

（三）文化管理具有内在的驱动力

文化管理是一种内在管理，它用潜在的、润物细无声的方式，在人们心目中形成深刻、持久的影响，进而把管理者的意志和组织的目标变成人们自觉的行动。文化管理通过激发职工的自我约束力和内在驱动力，依赖于职工的内在心理激发过程和自我管理，因而不带有外在的人为强制性。

（四）文化管理具有持久的影响力

文化管理发挥作用所依赖的是企业的共同价值观和心理文化氛围。它拓宽了管理的非制度因素，强调职工内在的自律和心理的认同，以一只"看不见的手"操控着职工的行为，使企业的共同目标自动转化为职工的自觉行动。这种无形的"软"约束比有形的"硬"约束具有更强大、更持久、更深刻的效果。所以，一旦企业与职工目标趋同、步调一致，它就获得了一种相对独立的、强大而持久的影响力。

（五）文化管理具有较强的激励力

文化管理的激励方式，主要是通过满足职工的高层次需要，特别是满足职工自我实现的需要、发展的需要和成就的需要等来实现的，因而，具有较强的、持久的激励力。通过文化管理激发职工的工作动机，增强职工在工作过程中的内在激励，不仅使职工在各自的岗位上更加努力地提高工作绩效，而且愿意挖掘其潜能、发挥其天赋，作出超常的工作成就。

第三节　企业思想政治工作同文化建设融合的现状

实现企业思想政治工作同文化建设的融合共进，先应该对二者相融合所取得的进展有一个客观的全面的准确把握。在全面客观准确把握的基础上，要精准地找出二者融合共建的发展过程中存在着哪些具体问题和不足之处，进而深入分析这些具体问题和不足之处的成因。

一、企业思想政治工作同文化建设融合取得的进展

把企业思想政治工作同文化建设紧密地结合在一起，促进它们实现融合共进，这种尝试从 21 世纪初就已经逐步开始，经过 20 余年的尝试和探索，已经取得某些进展。全方位审视企业思想政治工作同其文化建设融合所取得的进展，对于进一步促进企业思想政治工作同其文化建设的融合具有重要的意义。

（一）初步形成了思想政治工作同文化建设相融合的实践模式

实现企业思想政治工作同文化建设的融合发展，可以极大地促动企业思想政治工作创新，增强企业思想政治工作对企业在文化建设方面的控制能力。因此，企业思想政治工作同文化建设融合发展，在当前企业

中已然得到不断推广，并且形成了企业思想政治工作同文化建设融合发展的模式。

第一，形成了以企业的改革发展为核心的融合模式。在开展企业思想政治工作的过程中，要严格遵循企业生产经营环境变化的要求，千方百计创新企业思想政治工作的方法，积极延展企业思想政治工作的外延。这就要求开展企业思想政治工作必须紧密结合职工实际心理需要，利用文体活动、企业宣传栏、影音传媒等各种工具和媒介进行宣传，使企业思想政治工作既具有知识性，又具有趣味性。广大企业思想政治工作者正在积极搭建企业思想政治工作平台，吸引企业职工自主参与其中，实现自我教育与自我学习。同时，企业思想政治工作已经不再局限于在企业内部的有限场域，而是努力向社区发展和延伸，积极发挥企业作为民间基本组织的优势，为做好企业思想政治工作提供了坚实的支撑。

二是形成了推动企业思想政治工作同企业文化融合共建的实践载体。目前我国已经有相当一部分企业将企业文化建设与思想政治工作有机结合起来，使它们相互促进、协同成长。企业文化建设这个概念内涵非常丰富，包括企业职工之间的交流、企业的各种表彰和奖励活动等。现在很多企业已经把企业文化建设活动同思政教育活动紧密结合在一起了，在一些内部文化活动中穿插各种思政教育。比如中石化集团公司和陕西延长石油集团公司等，在企业文化建设的过程中，都有意识地在其中渗入思想政治工作和思政教育的内容，通过这种结合更好地促进企业职工形成企业归属感，同时对他们有效地进行了塑造和激励。这些做法都是非常成功的。

（二）初步建立了思想政治工作同文化共建的机构和队伍

实现对企业思想政治工作同文化建设工作的有效领导，决定着企业思想政治工作和文化建设的发展速度。目前企业思想政治工作同文化建设之所以能不断推进，而且卓有成效，归根结底是企业思想政治工作同文化建设得到充分重视和广泛支持的结果。在企业思想政治工作同文化建设共同发展的同时，也随之建立了企业思想政治工作同文化建设共同发展的专属部门和人才队伍。

第一，健全体系，完善机制。当前我企业不仅已经设立了企业文化建设机构，比如中化集团公司在其战略规划部门下设立集团公司文化管理处，具体负责集团公司文化同思想政治工作融合共建工作，同时集团公司在原有的思想政治工作队伍的基础上，丰富其岗位责任，做到思想政治工作人员不仅负责思想政治工作，同时负责思想政治工作与文化建设工作相融合的促进工作。从现实发展情况来看，其运行情况较为理想，人员充分配备，相关人才储备丰富，从客观上助推了集团公司文化建设的发展。

第二，在协调共进中形成同心力。企业思想政治工作同文化建设的融合共进是既艰巨又复杂的系统性工程。目前在我国各级企业中，经过党政工团各部门、各机构和企业全体职工共同努力，在国资委的领导下，正在形成独具特色的融合共进格局。以长江三峡集团为例，该企业各单位各部门已经基本破除企业思想政治工作同文化建设各自分别发展的做法，树立起企业思想政治工作同文化协同发展，把企业文化建设渗入企业思想政治工作者和企业经营的整个过程的工作意识，形成了企业各部门、各机构对企业思想政治工作和企业文化建设齐抓共管、协同推进的工作格局。

（三）形成了用思想政治工作塑造企业核心价值观的趋势

企业文化建设是在思想政治工作的直接指导下进行的，尤其是对企业核心价值观的打造，思想政治工作的精神层面作用和"人的塑造"功能发挥着重要的作用。因此，在2015年，国务院国资委党建局专门出台了《在企业改革中坚持党的领导加强党的建设工作指导意见》，该意见充分要求企业思想政治工作要助力企业核心价值观的塑造，形成企业独特的政治优势。目前该项工作已经取得了一定的进展。以中国华录集团为例，首先是该企业通过思想政治教育，对领导干部与企业职工进行人生观、世界观、价值观教育，使企业的精神风貌发生了根本性的改变，使其文化建设得到了很好的发展；其次是该企业不断地强化思想政治教育中的爱国性和政治性教育。主要是通过周密细致的思想政治工作，在企业文化中植入了以爱国主义为核心的时代精神，在这种思想政治工作和企业文化的共同作用下，使企业职工进一步明确了中国特色社会主义制度的优越性，从而增强了他们对祖国的感情，激发他们对中国特色社会主义的自信心和自豪感。再次是进行集体主义教育，激发企业职工的集体主义意识，培养企业职工的团队精神，充分依靠集体和团队的力量去实现企业的奋斗目标。因此能够看出，企业的思想政治工作为企业的正确发展提供了必要的保障，初步呈现了以企业思想政治工作促进塑造其核心价值观的基本态势。

二、企业思想政治工作同文化建设融合过程中存在的问题

通过以往富有成效的探索活动，企业思想政治工作同文化建设的融合发展取得了一定的进展，但是也存在着许多问题和不足。只有正确考察和深入解决这些问题，才能很好地推动企业思想政治工作同文化建设的融合。

（一）企业文化建设滞后难以满足思想政治工作需要

企业文化建设的滞后现象是一个在企业长时期存在并难以解决的问题。其中最为根本的原因是企业文化建设大多过于形式化，有的企业甚至认为文化建设就是简单地开展一些文体活动，它们在从事企业文化建设的过程中只是表面化地重视了文化建设的外在形式，却从根本上忽视了企业文化建设的内在的深层内涵。由于忽视了企业文化建设的内在的深层内涵而导致企业自身文化建设内容的空泛乏味，所以企业自身文化建设对于凝练企业精神、增强企业向心力的作用不显著。而新形势下企

业思想政治工作的工作重心就是在保证意识形态工作积极性与主动性的基础上，使其能够较好地指导企业经营管理工作，而企业自身文化建设的软弱与发展迟滞，在客观上对于企业思想政治工作的进展造成了不容低估的严重影响。例如有这样的一些企业，不是从根本上认真地去解决企业职工的日常生活基本保障问题，而是不惜花费重金购买了大量的书籍和影像资料但弃之不用，不惜花费重金请许多名不副实的所谓的文化专家作讲座，花了很多的冤枉钱，但是对于企业文化的发展没起到任何作用。它们所进行的企业文化建设，都是把目光集中在企业外在形象的建设方面，主要是在穿什么样的衣服上班、进入公司之后佩戴什么样的胸卡、订阅一些什么样的报纸、组织一些什么样的文艺活动等方面下虚功夫；还有这样一些企业，它们进行文化建设或主要是空喊一些枯燥无味的空泛的口号，对于企业文化建设的发展也根本起不到任何作用。前述这类企业的文化建设活动不但对调动职工生产积极性起不到任何作用，也很难使广大职工真正形成企业归属感，无法从根本上形成凝聚力。因此企业文化建设中广泛存在的"实功虚做"的问题大大制约了企业思想政治工作的开展。

（二）企业文化建设活力不足，无法与思想政治工作形成优势互补

经典管理学理论认为，企业文化建设的活力在于通过凝练独有的企业精神，培养企业职工积极正向的价值理念，有力地增强企业效益。目前企业的自身文化建设，从整体上看还是处在一种参差不齐的初始状态，普遍存在企业文化建设表层化倾向。首先是过度关注企业的物质文化建设，把企业文化建设当作企业形象包装，单纯强调企业和职工形象塑造，没有在企业文化建设中展现企业内在的文化精髓。其次是把企业文化建设口号化和活动化。一些企业重视喊口号，不管是办公室，还是楼道或者车间，到处都是各种各样的标语口号，虽然形式多样，但是缺少内涵，无法达到预期效果。再次是在企业文化的理论建设方面投入精

力过多，在企业职工的基本文化生活建设方面投入精力少。企业文化建设浮于表面，甚至使企业职工对企业文化产生反感情绪。

正是由于当前一些企业表面化地对待企业文化建设，没有系统地对构成企业文化的各种要素进行有效的协调和管理，导致企业文化不能充分发挥应有的凝聚作用、协调作用、约束作用和激励作用，不能有效地与企业思想政治工作形成优势互补的良好局面。

（三）企业文化建设队伍和机构的缺陷增加了思想政治工作的负担

当前虽然企业的核心竞争力有了显著的提高，但是在企业中人才缺乏和机构设置不健全现象普遍存在。

首先表现为企业文化建设人才匮乏，思想政治工作人员承担着文化建设的大部分工作。从当下一些企业文化建设的基本状况看，有些大型企业专门负责文化建设的人员很少，学历和职称偏低，专业素质不高，理论水平不强，缺乏推动企业文化建设的能力。小型企业为了应付生产经营的压力而常常忽视企业文化建设，甚至干脆不搞企业文化建设，当然也不会在增设自身的文化建设专属部门或提升自身文化建设队伍素质方面增加更多的投入，这也就导致它们无法使自身文化建设得到很好的发展。

其次表现为企业中的文化建设工作者业务能力普遍不强，多数是由曾经的思想政治工作人员转变而来的。他们在传统文化知识、哲学知识和管理知识方面严重不足，沟通能力、管理能力和学习能力不强，责任意识和敬业精神不高，因而不能充分满足企业文化建设发展的需要。

最后表现为企业文化建设工作机构不健全。当前有一些企业即使已经建立了相关的组织管理机构，但是机构空心化情况十分严重，企业文化机构的体制机制、流程体系、制度规范等方面存在较大的漏洞。

由于企业文化建设队伍素质不高、机构不健全，导致企业文化建设中的许多工作是由思想政治工作人员和机构来承担的，造成一部分企业思想政治工作部门承担了过于沉重的职责，它们既要承担企业思想政治工作的重要任务，同时还要在企业文化建设方面投入很多精力，严重影响了思想政治工作绩效的提升，更不利于企业文化建设的长足发展。

（四）形式主义倾向严重，制约思想政治工作与企业文化的融合共建

当前在企业思想政治工作同文化建设融合发展的过程中，充斥着许多形式主义，不仅造成了人力、物力、财力资源的巨大浪费，而且不利于落实党的方针政策，无法有效地促进思想政治工作与企业文化工作协同作用的发挥。具体而言表现在以下两个方面：

第一，重视企业文化的形式，忽视企业文化内涵，造成对二者融合的精神层面的扭曲。当前一些企业把企业文化建设看成企业发展的口号，想尽各种方法通过各种手段用各种口号来装饰企业的文化建设。但是在实际上并没有成功地把企业文化建设的实质和精髓传递给企业的广大职工。之所以会出现这种情况，主要是因为企业职工对本企业文化的实质没有形成统一的认识。同时也因为企业的自身文化建设属于企业经营管理的基本范畴，因此，企业文化并不仅仅是脱离企业管理的外在的表面形式。如果企业文化建设没有真正把它的自身价值和基本理念展示出来、传递出去，只是一味地在表层工作方面下虚功夫，企业文化建设也只能是形式主义的，既没有任何的实际意义，也无法为企业的经营发展营造一种积极进取的良好氛围。

第二，企业文化建设过于片面，与企业思想政治工作相分离，造成对二者融合的绩效层面的扭曲。当前有一些企业对于自身的企业文化建设既没有形成正确的认识，也没有给予应有的重视，常常是把企业的自身文化建设当成企业当中的具体的行政职能，把企业的自身文化建设视为企业行政工作去处理，这样就从根本上把企业文化建设和企业的思想政治工作相互脱离，使企业自身的文化建设脱离于企业思想政治工作而

孤立存在，没有把它与企业思想政治工作紧密结合起来，没有把它作为提升企业竞争力的有效途径去对待，导致企业文化建设与思想政治工作融合共进没有形成统一的规划，从而在绩效层面上严重制约了二者融合水平。

第四节　企业思想政治工作与文化建设融合的策略

企业思想政治工作与文化建设的融合，不能简单地理解为企业思想政治工作代替企业文化建设，或者是企业文化建设代替企业思想政治工作，更不是两者简单的相加。两者的融合是按照一定的原则、通过恰当的途径，并且在合适的领域进行的。

一、企业思想政治工作与文化建设融合的原则

所谓原则是指人们说话或行事所依据的法则或标准。社会在不断发展，观念也在不断更新，做人和做事的原则也要不断进行调整，固守陈旧落后的原则势必被社会所抛弃。企业思想政治工作和文化建设的融合必须坚持正确的原则，这是两者融合成功与否的关键因素之一。综合主客观方面的因素，两者融合必须坚持以人为本的原则、教育与管理相结合的原则、以经济建设为中心的原则。

（一）坚持以人为本

以人为本是落实科学发展观、构建社会主义和谐社会的核心，是中国共产党坚持全心全意为人民服务的根本宗旨的体现。习近平总书记指出："中国将坚持以人为本，全面推进经济建设、政治建设、文化建设、社会建设、生态文明建设，促进现代化建设各个方面、各个环节相协调，建设美丽中国。"企业思想政治工作与企业文化建设的研究对象都是企业职工，两者的中心任务都是要充分调动广大职工的积极性和创造

性，可以说都是做人的工作，这是企业思想政治工作和文化建设的共性之一。这就要求企业思想政治工作和文化建设必须把以人为本放在首位，尊重职工、理解职工、培育职工，不能简单地把职工看作企业赚钱的工具，否则会严重打击职工的积极性，破坏企业的凝聚力。因此，两者的融合必须立足于以人为本这一根本要求，牢固树立以人为本的原则，激发职工的集体荣誉感和主人翁精神，使企业内塑品质、外树形象。

（二）坚持教育与管理相结合

当前企业处在改革与发展的关键时期，各种新情况和新问题日渐显露，迫切需要思想政治教育工作先导，更需要科学有效的管理做保障。教育是思想政治工作的基本职能，要完成这个任务，必须强化思想政治工作，这是其他任何管理方法和手段无法取代的。企业文化建设则主要依靠管理来进行，运用经济、行政、纪律、法规等手段规范职工的行为。因此，在企业思想政治工作和企业文化建设融合的过程中必须把教育与管理的结合贯穿其中。坚持教育与管理相结合，就是将思想政治工作的内容贯穿于各项经济政策和规章制度之中，渗透到职工的工作和生活之中，将思想引导和行为规范结合起来，通过教育和管理，使思想政治工作和企业文化建设并举共用、相互渗透、相互促进。

（三）坚持以经济建设为中心

邓小平同志指出："经济工作是当前最大的政治，经济问题是压倒一切的政治问题。不只是当前，恐怕今后长期的工作重点都要放在经济工作上面。"企业作为市场经济的主体，其目的是追求自身经济效益最大化，同样，企业思想政治工作和文化建设也最终服务于提高企业的经济效益。因此，企业思想政治工作和企业文化建设的融合必须坚持以经济建设为中心，如果偏离了这一原则，那么两者的融合将失去意义。思想政治工作和文化建设在企业中的作用就在于，将先进的思想意识转化为生产力，最终为经济基础服务。实践证明，企业思想政治工作和文化建设的好坏直接关系到企业的发展，两者的工作如果顺利进行，就会对企业发展起到巨大的推动作用；反之，则会对企业发展起到阻碍的作用。因此，思想政治工作和文化建设在企业发展的任何时期都绝对不能放松。

二、企业思想政治工作与文化建设的融合途径

（一）加强国有企业思想政治工作同文化建设相融合的理论研究

促进企业思想政治工作同文化建设相融合，必须不断加深融合的理论研究，同时也要加强企业文化建设的科学研究，在加深融合理论研究的基础上推进国企思想政治工作同其文化融合共建。

1.加强国有企业思想政治工作同文化建设相融合的理论研究

任何实践都必须有正确的理论作指导。国有企业思想政治工作与企业文化的融合共建也必须有具体的融合理论作为指导，才能确保国企思想政治工作与企业文化融合共建实践健康有序发展。由于长期以来国有企业在推进思想政治工作与文化融合共建的过程中，一直存在重业务轻理论的现象，所以国有企业对于思想政治工作与文化融合共建的理论研究一直没有深入进展，因而也就一直没有形成成熟系统的理论成果，从而无法为国有企业思想政治工作和企业文化的融合共建提供必要的理论指导。当前进一步推进国有企业思想政治工作与企业文化的融合共建，必须首先强化理论建设意识，深入开展国企思想政治工作与企业文化融合共建的理论研究。具体而言，就是要围绕思想政治工作的意识形态培育社会主义核心价值观与企业价值观相结合的研究，深化国企思想政治工作的途径和方式的研究，深化国有企业文化建设的目标和路径等的研究，深化国有企业思想政治工作和企业文化融合共建的方法和路径等的研究。但需要注意的是，针对二者相互融合的研究不能脱离当下国有企业改革的主要目标，要紧密围绕二者融合对于国企改革中的产权制度改

革、公司治理制度改革、企业管理制度改革等方面的影响展开必要的研究。企业思想政治工作同文化建设都无法脱离正确理论的指引，二者相互融合工作的开展需要坚实的理论基础与政策意见作为支撑①。加强二者融合的理论研究，并不意味着仅仅从理论的维度进行割裂的研究，应该遵循从现象到本质的研究脉络，注重理论研究的同时，侧重于理论研究的实效性与指导意义，真正做到理论与实践层面的相互统一。

2.深化企业文化建设的理论研究

进一步加深企业自身文化建设的理论基础的研究，也是促进企业自身文化建设与国企思想政治工作相融合的重要基础和前提。只有不断深化国有企业文化建设的理论认识，才能继续促使国企文化建设更好地向前发展，更好地推动国企思想政治工作与文化建设的融合。新中国成立以来，在国有企业的建立和发展过程中，形成了底蕴深厚、卓尔不凡的企业文化，鞍钢的"鞍钢宪法"、大庆油田的"铁人精神"、航天科技集团的"航天精神"、中国兵工集团的"人民兵工精神"等，这些都是我国国有企业优秀文化的集中体现，是国有企业文化建设的丰硕成果。但是一直以来，我们把企业文化建设的重点放在了不断推动建设实践发展方面，而忽视了企业文化建设理论的认识和总结，形成了企业文化建设的基础理论研究严重落后于其具体建设实践的局面。企业自身的文化建设基础理论的研究发展进度缓慢，不仅导致国有企业在企业文化建设实践中缺乏中国特色的企业文化建设理论的指导，而且也会导致国有企业文化建设成果和意蕴无法得到传承与积淀。因此加强企业文化的科学研究不仅需要从理论层面着手，探索符合我国国有企业特征的企业文化理论，同时更要服务于国企改革，形成符合我国国情的"本土文化"，能够做到与西方经典的企业文化理论优势互补，从而形成科学的企业文化理论体系。具体而言，应从以下三个方面着手来加强国企企业文化的科学研究。

---

①邸惠芳．探析国有企业思想政治工作和企业文化建设的融合[J]．河北企业，2022（07）：143-145.

第一，针对企业文化对于提升国有企业内部控制的有效性方面进行研究。企业文化是针对企业内部管理方式与运作流程的高度总结与科学凝练，卓越的企业文化一定是特定企业在企业运营管理方面成功做法的深厚积淀，因此应围绕企业文化对于强化企业生产运作管理，进而促进企业通过内部控制实现降本增效开源节流等方面进行深入研究。

第二，针对新时期企业文化的建设路径展开研究。企业文化建设的具体路径并不是一成不变的，企业文化的培育与建设需要紧密结合时代背景与国有企业的发展现状来展开，并且伴随着企业不同阶段的生命周期，企业文化建设的工作重心也不尽相同，因此应注重采用动态分析的视角来对新时期的国有企业文化的建设路径展开研究。

第三，围绕企业文化对于思想政治工作发生作用的具体的机理进行相应的研究。企业自身的各种文化方面的建设同思想政治工作的影响因素众多，不仅包括外部环境，企业内部的经营管理环境也尤为重要。因此应该在深入挖掘二者影响因素的基础上，从理论的角度提出企业文化对思想政治工作的影响和促进作用，并在这样的前提下准确地构建企业自身文化发展促进思想政治工作的作用理论模型，以指导国有企业文化建设的具体实践。

（二）打造国有企业思想政治工作同文化建设联动体系

促进国企思想政治工作同企业文化的融合共建，必须进一步加强对国有企业的现代企业精神的凝练，合理布局企业思想政治工作，周密地布局其各方面的文化建设，厘清国企思想政治工作机构的职责和权力，打造国企思想政治工作同文化建设的联动机制，建立国企思想政治工作同企业文化建设融合共进的联动体系。

1.凝练国有企业的现代企业精神

深入凝练国有企业的现代企业精神，是共建国有企业思想政治工作同企业文化融合共建联动体系的基础和前提。我国国有企业的现代企业精神，是一种具有中国特色的现代企业精神，它是我国国有企业在其成长过程中形成的现代意识与自身个性相结合的一种群体意识。这种现代企业精神强调在采用先进的管理理念与管理方式对企业生产经营进行科学化管理的同时，重点突出中国共产党对国有企业的集中领导与绝对控制。中国共产党是国有企业的领导核心，新时期国有企业改革不仅不能削弱党的领导，同时还要进一步强化党对国有企业的领导。国有企业被国家与人民赋予了与民营企业所不同的政治任务与社会责任，因此必须既要坚持现代生产经营意识，又要坚持党的领导，不断凝练国有企业的现代企业精神。

首先，凝练精神文化层面的国企现代企业精神。凝练精神文化层面的国企现代企业精神是凝练现代企业精神的本质要求。通过凝练文化层面的国企现代企业精神，形成能够反映国企职工群体意识、集体行为与管理优势的工作思路与行为准则，能够赋予企业经营哲学以鲜活的"人格"，能够促进国企广大职工的工作积极性与工作热情，更能够显著地增强国有企业的团队领导力与职工向心力。

其次，凝练物质文化层面的国企现代企业精神。凝练物质文化层面的国企现代企业精神就是要求国有企业注重自身的品牌管理，强化企业形象建设，进一步强化国企广大职工的工作信仰与行为价值观念的塑造，从而增强国有企业的社会形象。同时注重国有企业团队精神的凝练，使国有企业中的管理制度与规章法则中所体现出来的团队作用与团队精神的理念，能够通过现代企业精神的凝练而得到升华。

2.合理布局国有企业思想政治工作与文化建设

构建国企思想政治工作同企业文化融合共建的发展体系，应该在统筹促进国企思想政治工作同文化建设发展方面下功夫。企业中的各项文化建设对每一个职工的深度价值观念的形成虽然是非常重要的，但是企业职工原有价值观念要实现真正的转变，还需要在企业思想政治工作的各项引导之下进行。不进行行之有效的企业思想政治工作就无法从根本上转变职工的思想价值观念。同时，企业文化建设在内容方面也要不断加以丰富。要做到这一点，就要借助企业文化建设把过去习惯上只注重在思想上对广大职工进行宣传和引导的做法，转变为在精神上加强对广大职工的内在的正向激励，让企业的每一个职工都对党的方针和政策形成深刻的认识，变企业思想政治工作为文化建设的具体行动，增长企业中每一个职工的基本业务素质，这样才能真正推动企业。在做好企业职工思想政治工作的同时，也要极大丰富思想政治工作的具体内涵，创造思想政治工作的新形式，这也同样要求企业思想政治工作同文化建设融合发展。所以，企业思想政治工作与自身的文化发展是紧密联系、无法分割的。合理布局国有企业思想政治工作，科学规划企业文化建设，特别要重视以下两个方面。

第一，促进组织机构层面的国企思想政治工作与企业文化工作的合理布局。国企可以从岗位设置、人员配备等维度对国企思想政治工作与企业文化工作的融合布局，从打造二者融合的实体机构出发，赋予该部门充分的权力，使该部门成为国企组织的智囊和智库，成为国企思想政治工作的重要高地，通过组织结构完善，使国企思想政治工作与企业文化建设工作融合成为现实可能。

第二，在制度体系层面拓展国有企业思想政治工作与企业文化建设相融合的边界。当前我国国有企业中许多制度体系趋向固化与老旧。这种固化与老旧的制度体系不能够满足新时期国有企业思想政治工作与文化建设的需要，同时不利于积极有效地促进二者的有机融合。因此十分有必要在制度体系层面强化国企思想政治工作与文化建设的互相融合。具体而言可以从以下两个方面来布局国企思想政治工作与文化建设工作：一是从现代企业精神的精神文化维度来布局国企思想政治工作与文化建设工作。可以借助精神文化塑造的科学方式来不断强化国企职工的政治意识与核心意识，通过领导力、战略力与执行力等现代企业精神中的精神文化等先进理念，来持续地修正与丰富国企职工的思想倾向与行为规范。二是从现代精神的物质文化维度来布局国企思想政治工作与文化建设工作。可以从完善制度体系、规范运作流程、创新组织结构等方面对国企思想政治工作同文化建设进行改变，并有效促动它的顶层设计同它的基层互动的良性结合，并将相关的工作规范写进企业章程，使二者相互融合组织化、制度化、法制化，成为指导企业发展的核心。

3.明确企业思想政治工作同文化建设机构的职责与权限

推动国企思想政治工作同文化建设的联动发展，既要进一步明晰企业思想政治工作的职责和权限，也要进一步厘清企业文化建设机构的职责与权限。当前，国有企业思想政治工作肩负着企业文化建设的部分职能，企业文化建设机构也在干预着思想政治工作部门的常态化工作，导致二者不能形成高效运转、相互协同。应该强调的是企业思想政治工作最基本的出发点是消解职工的深层思想矛盾问题，通过排解矛盾，进而矫正企业职工的错误意识与思想，是一项意识形态性极强的工作。而企业文化建设工作则侧重于通过梳理科学系统的管理体系，从本企业实际出发，提炼并打造符合本企业的核心价值观与发展愿景。因此二者之间存在边界，这个边界就是意识形态的边界。所以思想政治工作不能错位，需要在强化企业领导与职工的政治意识与责任担当者方面持续发力，而企业文化工作也不能越位，需要不断增强企业职工凝聚力与向心力，为国有资产保值增值的任务保驾护航。要实现这样的目标，就必须明确国有企业思想政治工作和企业文化建设机构的职责与权限。

4.打造国有企业思想政治工作同文化建设的联动机制

促进国企思想政治工作同文化建设的联动发展，需要相应地形成国有企业思想政治工作同企业文化融合共建的联动机制。当前国企思想政治工作与文化建设工作中不仅存在职能交叉的情况，同时缺乏有效保障二者融合的协调联动工作机制。相关体制机制的缺失必然导致国有企业思想政治工作与文化建设的相互融合无章可循，融合工作很难开展下去。形成国有企业思想政治工作同企业文化融合共建的联动机制，要重视以下两个方面。

第一，构建促进融合的服务机制。建设这种促进融合的服务机制，就是要在国企中构建"对外互动、对内联动"的工作运营模式。通过这种工作运营模式，对于国企思想政治工作与企业文化建设工作中存在的矛盾与问题进行及时的排解和处理。在这种工作运营模式的基础上，能够确立一种快速反应与高效处理的服务机制，促进二者融合协调统一。

第二，通过确立这种具有较强执行力的执行机制，从具体的运作机制上保证国企思想政治工作同文化建设的具体要求与政策指示能够有效地传导至企业基层，通过明确国企思想政治工作与文化建设工作职责范围与权限分布，通过制定科学严谨的工作流程与制度体系，确保能够把企业思想政治工作与文化建设等各项工作落到实处，而不是流于形式，更不是疲于应付。

（三）加强促进融合的两用人才队伍建设

促进国有企业思想政治工作与企业文化建设的融合，必须严格专业人才的招聘和选拔，不断加强专业人才的培训，在加强人才选拔和人才培训的基础上，构建符合国有企业思想政治工作同企业文化融合共建需要的两用人才队伍。

1.加强专业人才的招聘和选拔

加强国企思想政治工作同文化融合共建的专业队伍建设，必须严格专业人才的招聘和选拔。目前制约我国企业思想政治工作与文化建设相互融合的一项最重要的瓶颈就是人才短缺的问题。而解决人才短缺问题的前置条件便是处理好人才的招聘与选拔工作。当下我国国企中从事思想政治工作与企业文化建设工作的人员很多是半路出家，同时相关岗位的工作人员年龄偏大。人员能力不足及人员结构失衡导致目前国企思想政治工作与文化建设行动迟缓。改变这种状况必须从强化专业人才招聘和选拔工作入手。

当前我国一些市场化经营程度较高的国有企业均已经尝试通过市场化途径选聘党建工作、思想政治工作以及企业文化建设工作的工作人员。例如新兴际华集团尝试将"职业经理人制度"引入企业思想政治工作，面向全国国资国企系统科学地招聘与选拔企业思想政治工作人员。在招聘过程中，通过运用人才测评系统以及专家打分等科学化手段，提升人才筛选的科学性。中国电子科技集团通过在企业二级单位党组及其相关的思想政治工作单位、企业文化建设单位推行"量化有效性党建"，将思想政治工作与企业文化建设工作绩效用KPI指标等科学手段进行量化管理，提升工作业绩的可视化程度，并以相关的评估结果为依据，在企业内部进行人员选拔，真正实现无论是从事企业思想政治工作的人员还是从事企业文化建设的工作人员均是精兵强将。

2.加强专业人才的培训

加强国企思想政治工作同企业文化融合共建的专业队伍建设，也要在加强对符合二者融合共建需要的专业人才队伍的培训方面下功夫。职工培训是缩短组织对职工工作期望与职工实际工作绩效之间差距的行之有效的解决途径。目前我国国有企业普遍不重视在企业内部对职工进行培训的工作，其中固然存在国企经营压力大等现实因素的制约，但这种现象的出现更与企业领导不重视培训工作有很大的关系。美国著名管理学家彼得·德鲁克曾经说过，培训是解决企业管理问题的有效手段，培训能够将企业的问题以案例的形式重复展现。因此，针对目前国有企业从事思想政治工作与企业文化工作人才队伍建设中存在的相关问题，必须以强化专业人才的培训为抓手。具体的措施包括以下两个方面。

第一，在企业中广泛培植培训工作文化。培训工作是"一把手"工程，培训工作的顺利开展，首先需要对企业的领导者进行相关的知识体系培训，通过样板效应与示范效应，增强培训工作在企业中的影响力。

第二，提升思想政治工作与文化建设工作的针对性与时效性。目前国务院国资委要求国企应该强化党建工作。具体的做法是根据相关国家政策要求，在企业职工的知识体系以及工作与业务能力等方面进行全面培训，并且要特别注重培训方式方法的运用，针对领导干部应侧重于研讨交流的形式，促进领导干部之间的经验分享；针对工作人员应侧重于专题讲座的形式，通过理论学习与标杆学习不断提升相关人员的知识水平与工作能力。

3.建立人才队伍备选库

打造一支适应国企思想政治工作同其文化融合发展需要的思想政治工作和文化建设的专业队伍，进一步推动国有企业思想政治工作同企业文化的融合共建，也要在建设人才队伍备选库方面加大工作力度。目前来看，制约国有企业思想政治工作与文化建设工作人才短缺以及人力资源管理问题的重要因素，便是从事思想政治工作与文化建设工作的人员没有形成梯队发展的人才格局。比如，当前从事思想政治工作的精干人员较少，而新进人员同时面临着能力水平与知识水平的双重制约，从而导致了思想政治工作与文化建设工作人员的空心化与断层化现象的出现。解决这一问题的有效手段是在国有企业中构建思想政治工作与文化建设工作人员的梯队化管理格局，通过建立国企思想政治工作与文化建设工作人才储备库，优化思想政治工作与文化建设工作岗位工作人员结构，使国有企业中从事思想政治工作与文化建设工作的人员形成"老、中、青"三结合的人才架构，通过"老带新、传帮带、师带徒"等形式不断提升在岗人员的工作能力，并注重在企业内部与行业内部进行人才选拔，使企业思想政治工作和文化建设工作人才的培训、招聘、选拔工作与建立人才储备库工作相互支撑，保证企业思想政治工作与文化建设工作岗位有源源不断的"活水"引入。

（四）丰富国有企业文化建设的内涵

促进国企思想政治工作同文化建设的融合发展，也要广泛地在企业文化中融入与之相适应的推动其健康发展的商业意识和竞争意识，构建国有企业价值观与社会公共意识的平衡机制，从而丰富国有企业文化建设的基本内涵。

1.在国有企业文化中融入竞争意识

丰富国企自身各项文化发展的具体内涵，促使国企思想政治工作同文化建设的有效融合，需要在国有企业文化中融入竞争意识。在国有企业文化中融入竞争意识，就是要进一步建立国有企业的市场化经营机制，通过不断促进企业技术创新和商业模式创新的速度与程度，使国有企业主动融入全球的竞争环境。而重塑企业文化，在企业文化塑造中不仅需要强化党的政治核心与领导核心的作用，同时还需要培养企业的竞争文化与商业文化，培养既讲政治原则又讲市场原则、既讲政治规矩又讲管理方式的科学合理的企业文化环境与企业文化内容。另外值得注意的是，当前国有企业普遍面临去产能与保增长的经营压力，同时国务院国资委对于中央企业的考核更加严格与科学，因此中央企业应该在收支平衡、利润增长等方面持续发力，在合理控制国有资本的流向与布局的同时，努力实现国有资本的保值与增值。而实现这一目标最为行之有效的抓手就是在国有企业文化中融入竞争意识、商业意识和利润意识，通过树立企业内部管理人员与工作人员的科学管理意识，以科学的企业文化理念促进企业内部管理水平的提升。

2.构建国有企业价值观与社会公共意识的平衡机制

丰富国企自身各项文化发展的具体内涵，促使国企思想政治工作同文化建设的有效融合，也需要努力建造国企价值观与社会公共意识的平衡机制。这是因为，国有企业不仅承担着政治责任与履行国家对于国企的政策要求，同时亦肩负着履职社会职责，在保证国有资产保值增值的同时，注重主动作为并承担社会责任。当前，我国普遍面临着经济形势低迷不前、产能过剩与需求不足的矛盾凸显、民间投资下降等一系列的问题。在这种情况下，国有企业更应该在国民经济发展中发挥引领示范作用，注重引导国有资本流向有关国计民生的行业以及公用领域。因此，必须构建国企市场化经营价值观与社会公共意识相互统一平衡的管理机制。

构建国企市场化经营价值观与社会公共意识相互统一平衡的管理机制，首先要构建国有企业市场经营机制与服务社会的管理机制。在企业文化建设上，注重将企业政治使命与社会责任相结合，确保在党的领导下，企业能够在市场经营与服务社会两个方面同时发力。

构建国企市场化经营价值观与社会公共意识相互统一平衡的管理机制，也要在人员配备上实现企业经营管理与企业文化建设的平衡统一。针对目前国企普遍存在的"重业务、轻党建"的现象，应该充分保证企业思想政治工作部门与文化建设部门相关工作人员的充分配备，强化经费管理、制度体系、流程规范等方面建设，并将国有企业服务社会的核心经营理念写进企业章程，使其制度化、法制化。

（五）加快企业思想政治工作同文化建设融合机制建设

推动国企思想政治工作同文化建设融合发展，还要建立和健全企业思想政治工作同企业文化融合共建机制。

1.构建企业思想政治工作同文化建设融合机制

首先应侧重借助企业文化来强化组织功能。通过企业自身各项文化建设同思想政治工作相融合，企业思想政治工作的相关人员可以充分利用企业文化建设的多样化途径与渠道，在党组织法定地位、党管干部的工作原则、领导干部的思想水平等方面拓展工作思路。同时，形成企业思想政治工作同企业文化建设融合机制，也要进一步依靠加强企业自身的各项文化建设努力促使国企思想政治工作的团队建设。通过这样的方式实现国企思想政治工作人员的思想道德水平、思想政治工作人员的队伍构成等各个层面优化。推动企业思想政治工作同企业文化建设融合机制的最终形成，也要借助企业文化建设来扎实国有企业的工作重心，夯实企业核心价值观等核心经营理念，真正形成"全员管理、共同发展"的良好格局。此外，推动企业思想政治工作同企业文化建设融合机制的最终形成，还应该借助企业自身各项文化建设去建造思想政治工作的适宜环境。

2.厘清企业思想政治工作同文化建设相互融合的内容

进一步推动企业思想政治工作同企业文化融合共建的一个重要前提条件，就是准确找到能够从根本上推动二者融合发展的着力点。由于企业文化是在企业长期经营实践中持续沉淀和积累的结果，因此在促进企业思想政治工作与企业文化融合方面，企业首先需要以"稳增长、调结构"为融合的发力点，在确保国有资本保值增值的同时，充分发挥国企思想政治工作的科学方式方法，对经济运行过程中不正确的理念与思维予以纠正，从而确保企业相关工作制度的科学化、规范化，并努力做到将企业内部卓越的文化渗透到思想政治工作当中。同时应着重宣传企业"物质文化"，进而完善企业思想政治工作与企业文化建设相互融合内容。考虑到国企"物质文化"的重要性，应从技术创新与管理创新的视角努力使思想政治工作与企业文化建设有效融合，例如在企业品牌塑造、客户管理、产品管理、成本管理等方面，通过引入思想政治工作的科学方法，加以企业文化建设的持续培养，营造国企依法合规管理的良好环境。

3.培育思想政治工作同文化建设相融合的制度体系

在国企中进行有效的思想政治工作是新中国成立以来的一项优良传统。开始于20世纪70—80年代的企业文化建设也已经经历了一个长时期的发展。所以，当前国企思想政治工作与文化建设都已经形成了各自成熟的制度体系。并且，在国企思想政治工作与文化建设工作制度层面存在着一定的交叉共通的内容。因此，共建符合当前国企改革要求的思想政治工作同企业文化建设融合发展的制度系统，应以企业思想政治工作同企业文化建设工作制度层面存在着的交叉共通的内容为基础共同去努力推进。

一是打造国企思想政治工作同企业文化建设相融合的导向制度。打造符合当前国企发展需要的企业思想政治工作同企业文化融合共建的导向制度，它的根本目的就是要借助确立这种导向制度，努力将企业的价值观念、思想观念以及经营管理观念集中统一到符合企业稳定持续健康发展的轨道上来。通过导向制度的建立，使企业文化与思想政治工作协同发力，实现二者的有机交融。

二是推动国企思想政治工作同企业文化建设相协调的各项具体制度的融合。国企目前普遍存在工作效率低下的问题，产生该问题的根本原因在于职工与企业诉求时有冲突，从而导致职工与组织之间可能会产生问题与矛盾。由于国有企业思想政治工作与文化建设工作都有其各自的协调功用，所以要有效地激发思想政治工作的正向引领作用与企业自身各方面文化发展的凝聚功能，促进国有企业的文化建设工作同思想政治工作在具体的协调制度下真正较好地融合在一起，以使国企的思想政治工作同文化建设可以取长补短、优势互补、共同发展。

参考文献

[1]蔡晖.加强企业文化建设新举措[J].人力资源，2023（20）：118-121.

[2]曹书民，张丽花，田华.企业文化[M].北京：北京理工大学出版社，2021.

[3]陈桂香.用核心价值观引领企业文化建设[J].上海企业，2023（11）：75-77.

[4]陈虹.改革开放以来中国共产党人关于国有企业思想政治工作思想研究[D].成都：电子科技大学，2020.

[5]邸惠芳.探析国有企业思想政治工作和企业文化建设的融合[J].河北企业，2022（07）：143-145.

[6]冯春香.构建和谐企业必须加强和改进思想政治工作[J].现代企业，2023（10）：133-134.

[7]郭亮.深入推进企业文化建设为企业高质量发展提供精神力量[J].畜牧产业，2023（12）：24-30.

[8]韩洋.思想政治工作与企业文化建设的共生关系[J].现代企业文化，2022（36）：4-6.

[9]黄静玲.国有企业思想政治工作和企业文化建设的融合[J].现代企业文化，2022（26）：7-9.

[10]姜娜.新媒体时代对国有企业思想政治工作的影响分析[J].中国军转民，2023（23）：43-44.

[11]黎德芳，刘涛.证券经营机构加强思想政治工作的调查研究[J].创新世界周刊，2023（11）：89-95.

[12]李汉南.国有企业思想政治工作与企业文化建设的融合[J].现代企业，2023（05）：121-123.

[13]李建国，李文静.新时代国有企业思想政治工作方法创新研究[J].现代国企研究，2023（S1）：110-114.

[14]李婷婷.加强企业文化建设，助推企业转型发展[J].中外企业文化，2023（10）：130-132.

[15]尚慧鹏.企业文化建设与种业高质量发展协同效应研究[J].分子植物育种，2024，22（02）：670-675.

[16]绳海洋.企业思想政治工作的意义和思路探索[J].北京城市学院学报，2023（06）：86-91.

[17]王利.思想政治工作与企业文化建设相结合的促进作用[J].现代企业文化，2022（35）：19-21.

[18]徐望怀.如何加强国企思想政治工作中企业文化的融入[J].中外企业文化，2023（09）：124-126.

[19]张悦.大型民营数字经济企业思想政治工作研究[D].杭州：浙江工商大学，2022.

[20]赵洁.企业思想政治工作与文化建设融合探析[J].山东国资，2023（11）：104-105.

[21]周斌.企业文化建设要素框架[M].杭州：浙江大学出版社，2020.

[22]邹霞，魏少芳.浅析国有企业党建与企业文化建设融合发展[J].河北企业，2024（01）：124-126.